Un SOL DIFFICILE, ET ALORS ?

Observer son environnement et s'adapter aux contraintes pour cultiver son jardin

Directeur de collection
Bernard Bertrand

ISBN : 978-2-35981-170-4
Dépôt légal : septembre 2022

Éditions de Terran – 355, rue de la Montagne-Noire – 31750 Escalquens
terran@piktos.fr
www.terran.fr
@editionsterran_officiel
Éditions de Terran

Gilles Domenech

Préface de Guilhem Bourrié

Un SOL DIFFICILE, ET ALORS ?

Observer son environnement et s'adapter aux contraintes pour cultiver son jardin

terran

Sommaire

Préface

Le jardinier trouvera dans l'ouvrage de Gilles Domenech l'essentiel de ce qu'il faut savoir pour bien cultiver son jardin même dans des conditions difficiles. La priorité est donnée à l'étude du sol, milieu vivant, à partir de l'observation, et ici les difficultés sont dues aux propriétés chimiques défavorables (acidité, alcalinité, salinité, hydromorphie), mais aussi aux problèmes de physique du sol (tassement, battance). L'auteur considère aussi les difficultés dues au climat (sec, froid, humide). Les conseils donnés sont scientifiquement fondés et bénéficient de l'expérience variée de l'auteur, en France et à l'étranger. Ils ont donc été testés en situation réelle et résultent de nombreux échanges avec des jardiniers. Des choix judicieux de préparation du sol, d'espèces, de variétés sont indiqués. Il s'agit donc, à le lire attentivement, d'un véritable manuel d'agronomie pratique. Il s'inscrit bien dans l'air du temps et l'évolution de l'agronomie qui réhabilite l'étude des sols, évite le travail du sol lorsqu'il n'est pas nécessaire, introduit des cultures intermédiaires pour couvrir le sol ou servir d'engrais verts, raisonne la succession des cultures pour limiter la pression des adventices ou des bio-agresseurs. Les jardiniers, comme les agriculteurs en général, ne manquent pas d'imagination, ni d'initiative. Cet ouvrage, très bien illustré, rencontrera donc aisément son public et il est à prévoir que les pages en seront rapidement maculées par ses lecteurs de cette terre qui nous nourrit et qu'il faut protéger et aimer. Il y a quatre cents millions d'années environ (depuis le Dévonien) que les plantes ont colonisé les terres émergées, seulement recouvertes d'une croûte algaire et de lichens, accélérant l'altération des roches et la formation des sols, modifiant l'atmosphère et le climat. La vie a donc fabriqué le milieu qui lui est favorable. Il faut environ vingt-cinq mille ans pour transformer un mètre de granite en formation meuble pénétrable par les racines, dotée d'une réserve hydrique et assez riche en éléments minéraux. Il faut une vingtaine d'éléments chimiques pour former une cellule vivante et seul le carbone vient de l'atmosphère. Tous les autres viennent du sol, et il faut compenser les exportations de sels minéraux. La protection des sols contre l'érosion, le tassement, leur dégradation physique ou chimique et leur appauvrissement est donc nécessaire pour maintenir – ou restaurer – des conditions favorables à la vie. Elle ne demande que cela, et se redéveloppe dès que les conditions redeviennent favorables. En effet, les sols morts n'existent pas. Un sol

Surface d'un sol salé dans le Sahara algérien.

stérilisé par bombardement neutronique est recolonisé par des algues, des bactéries et des champignons dès qu'il est en contact avec l'air. Mais mieux vaut prévenir que guérir.

Les jardiniers trouveront dans cet ouvrage les principes et les moyens pratiques à mettre en œuvre pour enrichir les sols qu'ils cultivent et éprouver les joies de récolter fruits et légumes, de voir croître et fleurir de belles plantes ornementales et d'échanger entre eux avec bonheur produits et idées.

Guilhem Bourrié

Guilhem Bourrié est pédologue, géochimiste et directeur de recherche honoraire à l'INRAE. Il a étudié la qualité des eaux dans les sols acides, hydromorphes, calcaires ou salés, sous climat océanique, méditerranéen, humide ou aride. Il a coordonné des ouvrages sur les formations superficielles et les déserts, et travaille actuellement sur l'émergence de la vie. Il est membre de l'Académie d'agriculture de France.

Malgré son taux d'humus et son activité biologique, ce sol très sableux en milieu aride sera considéré comme difficile à mettre en culture.

Partie I
Qu'est-ce qu'un terrain difficile ?

Lorsque je discute avec les jardiniers un peu partout en France et même dans le monde, il ressort souvent qu'ils trouvent leur terrain difficile, soit parce qu'il est trop argileux, soit parce qu'il est trop sableux, ou encore trop humide, trop sec ou trop froid… Bref, la plupart des jardiniers ont l'impression de devoir relever des défis liés à leur terre ou à leur climat.
Avant de voir comment nous affranchir des difficultés diverses et variées liées au terrain, commençons par prendre le temps d'identifier ce qui peut être qualifié de terrain difficile.
Plusieurs grands types de facteurs rendent un terrain difficile à cultiver :

- la topographie ;
- les difficultés liées au sol, quelles qu'en soient les origines ;
- le climat (en effet, si cultiver un sol fertile est facile sous un climat de plaine océanique ou continental, il n'en va pas forcément de même pour un sol similaire en haute montagne ou sous un climat semi-aride !).

Je vous propose d'analyser ces trois types de difficultés afin de vous aider à les identifier.

Un tel sol argileux est-il un terrain difficile pour y faire son jardin ?

La topographie

La première vue qu'on a d'un terrain est celle de sa position au sein d'un paysage : est-il dans une plaine, en haut de coteau, sur un versant ou encore en pied de versant ?
Du point de vue de la fertilité minérale, les sols situés en haut de coteau sont plus pauvres que ceux situés en bas. En effet, sous l'action de ruissellement de l'eau, souvent souterrain, les éléments minéraux sont transférés progressivement du haut vers le bas des pentes, même si le versant est recouvert d'une végétation pérenne comme une prairie ou une forêt. Bien entendu, si de l'érosion est visible dès le haut du versant, ce phénomène est beaucoup plus marqué.
Cela dit, ce simple fait ne permet pas de considérer qu'un terrain situé en haut d'une colline est systématiquement difficile. Il est juste moins facile à cultiver, ou en tout cas il est moins facile de le faire produire aussi abondamment que les terrains situés en contrebas.
En revanche, un terrain situé sur un versant, surtout si ce versant est pentu, est une difficulté à considérer plus attentivement. En effet, un tel terrain est plus exposé à l'érosion, la dégradation la plus grave qu'un sol puisse subir. Le jardinier qui cultive un jardin de ce type doit appliquer des méthodes culturales adaptées. De plus, la pente rend inconfortable le travail de jardinage, de sorte que certaines populations ont aménagé en terrasses des versants entiers de montagne pour rendre la culture possible. Nous y reviendrons dans la seconde partie de cet ouvrage (voir p. 54).

Cultiver sur de fortes pentes, comme ici à Cantobre (dans l'Aveyron), nécessite des aménagements spécifiques.

Le sol

Si le paysage a déjà des choses à nous dire, l'essentiel est invisible pour les yeux. Ou plutôt, il est caché sous la surface du sol qui porte nos cultures !
Comment savoir si un sol est difficile à cultiver ? Il est question ici, dans un premier temps, d'un sol « naturel », du moins un sol qui n'aura pas subi de grosses modifications dues à l'action humaine dans un passé récent – nous reviendrons sur ces situations en fin de première partie (voir p. 43).
Afin de savoir si un sol présente ou non des difficultés, il faut l'observer et, pour cela, le plus simple est de creuser. Bien sûr, les plantes bio-indicatrices nous révèlent déjà des éléments sans que l'on ait à ouvrir le sol, mais rien ne remplace l'observation directe.
Voilà, nous y sommes, vous avez creusé une belle tranchée ou au moins un trou d'une cinquantaine de centimètres de profondeur, et vous avez votre sol sous les yeux, sous les doigts. Comment l'observer à présent ?

La tranchée est creusée et prête à être étudiée. Vous n'êtes pas obligé de faire aussi grand, un trou à la bêche d'une cinquantaine de centimètres de profondeur vous apportera déjà beaucoup d'informations.

Un sol se présente comme une succession de plusieurs couches homogènes du point de vue de leurs caractéristiques physiques, chimiques et biologiques. Ces couches sont appelées des « horizons ». Peu importe que vous soyez ou non capables d'identifier clairement – et encore moins de nommer – ces horizons, vous pouvez laisser ce travail aux pédologues ! Ce sont les spécialistes en sciences du sol. Le mot vient du grec *pedon* qui signifie « sol », rien à voir donc avec les podologues, les pédiatres, les pédopsychologues ou autres ! Contentez-vous donc de regarder les propriétés mesurables avec vos yeux, vos doigts, en vous aidant tout au plus d'un couteau, d'un peu d'eau et éventuellement d'un peu d'acide si vous souhaitez recueillir des données sur la chimie du sol.

Les propriétés que vous pourrez ainsi facilement appréhender sont la couleur, la texture, les traces d'activité biologique, la structure et la prospection racinaire. Rassurez-vous, ce sont des aspects vraiment faciles à observer. Nous allons les considérer un par un et, surtout, mettre à chaque fois en lumière ce qui signale une difficulté potentielle pour le cultivateur !
Ce qui suit nous permettra d'aborder certains points du fonctionnement du sol. Toutefois, il ne s'agira pas de détailler ici le fonctionnement global d'un sol ; le lecteur qui souhaitera approfondir cette notion pourra se référer à la première partie de l'ouvrage *Jardiner sur sol vivant*[1].

La couleur

La couleur d'un sol peut présenter des teintes très variées, du gris clair jusqu'au noir en passant par le gris bleuâtre, toutes les nuances d'ocre, le rouge, le jaune, l'orange ou encore le brun. C'est la propriété du sol la plus facile à observer, celle que l'on note dès le premier coup d'œil à un profil de sol. Voyons donc ce que cette propriété toute simple peut nous apporter

Sur cet exemple typique de sol très acide, appelé « podzol », on voit des différences de couleur très nettes d'un horizon à l'autre.

1. Gilles Domenech, *Jardiner sur sol vivant*, Larousse, 2015, p. 11-49.

Profil de sol dans une garrigue arborée au Maroc. Les horizons proches de la surface, riches en matières organiques issues de la décomposition de la litière des arbres, sont plus sombres que ceux situés en dessous.

Ce sol céréalier a une couleur claire dès la surface, signe de sa pauvreté en matières organiques. Cela est corrélé avec une structure de surface de piètre qualité.

comme renseignement sur la qualité d'un sol. Les acteurs principaux responsables de la couleur d'un horizon sont les matières organiques et le fer. Voyons donc ces deux aspects l'un après l'autre.

La matière organique

Tout d'abord, l'emploi du singulier est un peu saugrenu, car il existe pléthore de formes de matière organique : débris végétaux, déjections animales, humus... dont les propriétés sont très différentes. Mais, malgré cette diversité, un sol riche en matières organiques est généralement de couleur plutôt sombre.
Le plus souvent, une couleur sombre (brun, noir...) est associée à la notion de fertilité. La réalité est loin d'être aussi simple, mais ici nous nous contenterons de considérer que si votre sol – ou en tout cas son horizon de surface – présente une couleur sombre associée à une bonne structure (voir p. 35), vous marquez un bon point concernant la qualité de votre sol !
Et si vous constatez que la couleur de votre sol est de plus en plus claire au fur et à mesure que vous observez des horizons situés plus en profondeur, eh bien... c'est tout à fait normal ! Plus vous allez en profondeur, moins il y a de matières organiques, donc plus la terre paraît claire.
Si par contre vous observez que votre sol présente une couleur claire dès la surface, par exemple un ocre jaune délavé, ou un beige plus ou moins clair, associé à une structure de mauvaise qualité (là encore, voir p. 35), vous avez probablement un problème de déficit en humus et plus généralement en matières organiques, donc, par voie de conséquence, une faible activité biologique puisque les organismes du sol se nourrissent de matières organiques ! C'est là potentiellement une difficulté. Toutefois elle n'a presque jamais une origine naturelle (à moins de se trouver en zone désertique, mais ce n'est probablement pas le cas de la majorité des lecteurs) mais résulte plutôt d'une dégradation liée aux activités passées menées sur cette terre (activités culturales, chantiers de construction...).

Le fer

Si la couleur claire ou sombre d'un horizon dépend de sa teneur en matières organiques, l'influence du fer ne vient pas de la quantité contenue dans l'horizon observé mais de la forme que prend ce fameux métal. En effet, le fer est un des principaux éléments constituant la croûte terrestre et il est à peu près toujours abondant dans un sol.
Le fer se présente sous trois états différents sur Terre : le fer ferrique, le fer ferreux et le fer métallique. Le fer métallique n'existe à la surface de la

Motte de terre issue d'un horizon présentant des taches d'oxydation de couleur rouille dans une matrice grise contenant du fer réduit.

Profil de sol marécageux en Sologne, dans lequel on observe un horizon supérieur plutôt oxydé, puis un horizon dans lequel se mélangent fer réduit (gris) et fer oxydé (rouille), et enfin, juste au niveau de la nappe phréatique, un horizon gris-blanc dans lequel le fer est majoritairement réduit.

Horizon fortement réduit en profondeur d'un sol engorgé en eau et dominé par le fer réduit de couleur grise.

terre que parce que l'homme est là pour lui redonner, grâce à des procédés d'extraction, cette forme qui est en réalité complètement instable en surface (mais qui existe en quantité gigantesque dans les profondeurs de la croûte, du manteau et surtout du noyau terrestres). D'ailleurs, dès que ce fer entre en contact avec une eau riche en oxygène, il rouille. Et la rouille, c'est justement du fer ferrique ! Ce fer ferrique se présente en général sous forme d'oxydes donnant aux horizons qui en contiennent des teintes rouges ou orangées. Ce fer a une caractéristique importante : il est quasi insoluble dans la plupart des conditions rencontrées dans les sols cultivés !

Entre le fer métallique et le fer ferrique, se trouve le fer ferreux. Il se présente sous forme d'oxydes ou de sulfures de couleur verte ou bleue, responsables en particulier de la couleur des sols marécageux. Le fer ferreux est présent dans les eaux pauvres en oxygène, comme, justement, celles des marécages. Contrairement au fer ferrique, il est très soluble dans l'eau, de sorte qu'il peut facilement se déplacer au gré des courants d'eau dès qu'il se présente sous cette forme.

Ce qu'il faut bien comprendre, c'est qu'un même atome de fer peut passer d'un état à un autre, ferreux à ferrique et *vice versa* ! Par exemple, en été, dans un sol sec et oxygéné, le fer est stable sous forme ferrique, puis vient la saison humide et le sol s'engorge progressivement, la teneur en oxygène se fait de plus en plus faible et le fer se transforme petit à petit en fer ferreux. Et puis le printemps revient, la végétation qui pousse gaiement assèche le sol qui se réenrichit en oxygène et le fer reprend sa forme ferrique.

Toutefois, la transformation d'un état à un autre prend du temps et il est possible que tout le fer n'ait pas eu le temps de s'oxyder lors de la phase de dessiccation. En conséquence, un sol qui présente des alternances d'engorgement en eau et de dessiccation va présenter des marbrures ou des taches de fer ferrique rouge orangé et de fer ferreux gris bleuâtre. C'est ce qu'on appelle les taches d'hydromorphie. L'hydromorphie, c'est tout simplement l'engorgement en eau. Plus ces taches sont faciles à distinguer, plus cela est le signe que votre sol subit des périodes prolongées d'engorgement. Si cet engorgement a lieu près de la surface, cela risque de pénaliser vos cultures hivernales au potager, vos arbres fruitiers, surtout les variétés sensibles à l'asphyxie racinaire, ou encore vos bulbes dans un massif floral. L'hydromorphie est une difficulté à laquelle doivent faire face de nombreux jardiniers, et l'observation des états du fer vous permet de l'identifier facilement, même en plein été alors que le sol est parfaitement sec !

Sur les causses calcaires du sud de la France, on observe souvent, dans les dépressions, appelées « dolines », des sols dont le calcaire a été dissous en surface. Ces sols présentent un pH moins élevé que celui des sols calcaires environnants.

En climat tropical, certains sols sont tellement développés que les propriétés en surface ne sont pas du tout liées à celles de la roche mère. Le profil ci-dessus fait environ 15 m d'épaisseur et l'horizon de roche altéré n'est visible que tout en bas du profil.

La fougère aigle et la digitale pourpre sont des plantes indicatrices de sols acides.

La chimie

La couleur nous renseigne en fait sur la chimie du sol par l'observation, mais il peut être intéressant de pousser un peu plus loin cette analyse avec des moyens simples.

Sols acides ou basiques

Ces deux aspects, bien que très différents l'un de l'autre, sont en fait étroitement liés. Le potentiel hydrogène d'un horizon, plus connu sous son abréviation pH, positionne un horizon de sol (ou plus exactement l'eau qu'il contient) sur une échelle acide-base. Un sol acide présente un pH bas, alors qu'un sol basique présente un pH élevé. La neutralité correspond à un pH aux alentours de 6 ou 7, et les sols présentent en général un pH compris entre 3 et 9.

Ce pH est bien sûr mesurable – des kits sont vendus en jardinerie –, mais il est tout à fait possible d'estimer *grosso modo* le pH de votre sol par l'observation et par des expériences simples.

Tout d'abord, la roche sur laquelle se développe votre sol donne des indications : un sol sur granite est généralement acide voire très acide, alors qu'un sol sur calcaire est souvent basique. Un sol sur basalte est généralement neutre. La plupart des grès donnent des sols acides, sauf s'ils contiennent une fraction calcaire. Les sols salés sont basiques, voire très basiques.

Toutefois, il existe des sols dont les propriétés ne sont pas liées à celles de la roche mère. C'est souvent le cas en milieu tropical, où l'altération des roches est très poussée. Dans ces conditions-là, on trouve des sols généralement acides.

Une autre manière d'estimer l'acidité d'un sol est tout simplement d'observer la végétation qui y pousse : certaines plantes, comme la fougère aigle, la digitale, le serpolet, le châtaignier, le chêne-liège ou encore l'oxalis, indiquent un sol acide alors qu'à l'inverse, les orchidées sauvages, les primevères officinales, les clématites ou encore les crocus indiquent un sol basique. Toutefois peu de plantes ont un caractère indicateur très net en ce qui concerne le pH du sol : la plupart d'entre elles sont adaptables à une large gamme de pH, ce qui les rend peu fiables pour évaluer le pH du sol.

En quoi cela est-il intéressant ? Si l'acidité est souvent perçue à juste titre comme un problème, l'alcalinité l'est également, surtout lorsqu'elle est associée à un problème de salinité. En effet, dès que l'on s'éloigne de la neutralité, les éléments nutritifs sont pour la plupart de moins en moins disponibles dans le sol, en particulier le phosphore, nutriment essentiel pour les plantes présent en petites quantités dans les sols. Il existe toutefois des éléments insolubles à pH neutre, comme le fer et l'aluminium, mais qui le deviennent à pH très acide ou très basique. L'aluminium, en particulier, pose un problème en devenant toxique lorsqu'il est dissous et ainsi massivement assimilé par les plantes.

Quant aux sols calcaires, ils sont faciles à reconnaître, non seulement grâce aux plantes indicatrices, mais aussi et surtout par le fait qu'ils font effervescence lorsque l'on verse une goutte d'acide (de préférence un acide fort, comme l'acide chlorhydrique ou l'acide sulfurique) sur un échantillon de terre. Leur pH est plutôt élevé (généralement entre 7,5 et 9) et très stable, la présence du calcaire, en particulier sous forme de grains de très petite taille (fraction argileuse ou limoneuse, voir page suivante), rendant quasi impossible l'acidification de tels sols. Là encore, certains éléments sont peu disponibles pour les végétaux, en particulier le fer, ce qui provoque des chloroses ferriques (jaunissement du feuillage lié au manque de fer).

Si en milieu tempéré les sols basiques sont le plus souvent calcaires, ce n'est toutefois pas toujours le cas. En effet, la salinisation peut également amener à un tel effet. Cela est beaucoup plus fréquent en zone aride ou semi-aride. La salinisation est généralement due à l'eau d'irrigation qui, même si elle est très peu salée à l'origine, dépose progressivement des sels minéraux en s'évaporant. Ce phénomène peut provoquer l'apparition de pH très élevés et est très défavorable à la plupart des végétaux cultivés.

La capacité d'échange cationique (CEC)

Derrière ce terme barbare se cache une réalité simple : la capacité du sol à retenir les éléments minéraux. Ces éléments étant pour la plupart chargés positivement (cas notamment du calcium, du potassium, du magnésium, du sodium ou encore de l'azote sous sa forme ammoniacale), la CEC désigne simplement la quantité de charge négative d'un horizon. Ces charges négatives sont portées par l'humus et par certaines argiles (celles qui gonflent puis forment des fentes de retrait en période sèche). Cette notion permet donc de mesurer à quel point les sols riches en matières organiques et en argiles gonflantes sont favorables aux cultures.

La texture

La texture s'exprime par le fait de qualifier un sol de lourd ou de léger. Il serait plus précis de parler de sols argileux ou sableux. Voyons les notions que cela inclut.
Argiles, limons, sables, c'est quoi au juste ? Il s'agit tout simplement d'une classification des particules minérales du sol selon leur taille. Pour étudier cela, le plus simple est d'utiliser le sens du toucher.

Les argiles

Les plus petites particules, d'un diamètre inférieur à 2 μm (1 μm = un millième de millimètre), sont les argiles. Du fait de leur très petite taille, elles présentent une forte surface d'échange. De plus, une majorité d'entre elles possèdent des charges électriques en surface. Ces deux facteurs les rendent

Un sol riche en argiles gonflantes présente des fentes de retrait en période sèche.

collantes, d'où la sensation qu'une terre argileuse est « lourde » quand on la travaille. On reconnaît la présence d'argiles dans un sol assez aisément au toucher : lorsqu'on fait glisser un échantillon humide (mais pas trempé !) entre les doigts, les argiles se perçoivent par leur toucher collant et lisse et par le débit en feuillets du morceau de terre entre les doigts.

Il existe plusieurs qualités d'argiles. Les plus intéressantes d'un point de vue cultural sont les argiles dites « gonflantes » – non parce qu'elles « gonflent » le jardinier qui trime pour les travailler, mais du fait que le volume augmente en présence d'eau et se rétracte en séchant, ce qui provoque l'apparition de fentes de retrait en période sèche. Ces fentes indiquent la présence d'argiles qui ont non seulement une bonne rétention en eau, mais aussi une bonne rétention des éléments minéraux.

La présence d'argiles est intéressante dans un sol, car elles permettent une meilleure rétention en eau et, le plus souvent, en éléments nutritifs que les limons et surtout les sables. Le défaut des argiles est en effet de rendre le sol difficile à travailler et d'être sensibles au tassement, en particulier lorsque le sol est pauvre en matières organiques. La rétention en eau des argiles est si forte qu'une partie de l'eau qu'elles contiennent est tellement fortement liée à la matière minérale qu'elle est indisponible pour les plantes.

Les limons

Ensuite se trouvent les limons, dont la taille est comprise entre 2 et 50 µm. Même si les plus fins d'entre eux peuvent présenter des propriétés comparables à celles des argiles, ils sont généralement assez faciles à distinguer de ces dernières. Tout d'abord au toucher : le toucher limoneux est doux, non collant et les particules limoneuses ayant une taille du même ordre de grandeur que la porosité de la peau, le limon « colore » la main ou les doigts qui manipulent la terre.

Un sol majoritairement limoneux est souvent plus facile à travailler qu'un sol argileux et il présente un niveau de rétention de l'eau en meilleure adéquation avec la capacité des plantes à la prélever entre les particules minérales. Par contre, les limons ont souvent le défaut de se compacter en surface sous l'effet des pluies ou de l'irrigation par aspersion : il s'agit de la battance, qui aboutit à la création de plus ou moins fines croûtes en surface, empêchant l'eau de s'infiltrer dans le sol. Ce phénomène est d'autant plus marqué que le sol est travaillé, nu et/ou pauvre en matières organiques.

Les sables

Terre sableuse prélevée en bord de rivière.

Profil de sol (environ 60 cm de profondeur) en terrain alluvial contenant des galets disséminés çà et là. Cette densité de galets n'est pas un problème pour la mise en culture, y compris pour des légumes-racines.

Entre 50 µm et 2 mm, se trouve la large gamme des sables. Ils sont très aisés à reconnaître par leur toucher râpeux, un peu comme du papier de verre plus ou moins fin. Si on frotte un morceau de terre près de l'oreille, on entend clairement un bruit de grattement. Si le sol est très sableux, il n'est pas possible de former de boudin, l'échantillon s'effrite inexorablement.
Le sable retient mal l'eau, qui a tendance à s'infiltrer très vite entre les particules minérales trop grosses pour la retenir, de sorte que ces sols sont souvent très séchants. De plus, la faible surface d'échange et la neutralité électrique des particules sableuses font que celles-ci n'ont aucun intérêt du point de vue de la rétention des éléments nutritifs dans le profil de sol.

Les éléments grossiers

Au-delà de 2 mm de diamètre, on parle d'éléments grossiers, qui vont du gravier fin dépassant à peine les 2 mm jusqu'à des blocs de plusieurs dizaines de centimètres de diamètre, en passant par des cailloux, pierres et galets de toutes tailles et toutes formes.
La présence d'une proportion importante d'éléments grossiers impacte les propriétés du sol, puisqu'ils contraignent les racines, gênent les semis ou encore rendent le sol plus séchant. En revanche, une accumulation de cailloux en surface, si elle n'est pas souhaitable d'un point de vue pratique, forme un mulch minéral naturel qui aide à limiter l'évaporation au niveau du sol.

La texture d'un horizon

La texture d'un horizon est toujours un mélange de sables, limons et argiles (les éléments grossiers ne participent pas à définir la texture). En revanche, l'influence de chacune de ces fractions sur les propriétés physiques de l'horizon présente de grandes différences d'une fraction à l'autre : un horizon contenant à peine 10 % d'argile présente déjà les propriétés collantes des terres argileuses alors que dans un horizon contenant 50 % de sable, ce dernier peut être totalement imperceptible au toucher !
En effet, plus les particules sont fines, plus elles influent sur la texture globale de l'horizon. Les argiles influent donc plus que les limons qui influent plus que les sables. Le triangle suivant est une représentation classique de la texture d'un horizon. On y voit clairement que la zone des textures argileuses est beaucoup plus vaste que celle des textures sableuses et que la zone des textures limoneuses a une taille intermédiaire. Dans la partie centrale basse du triangle, on voit aussi apparaître la zone de texture « idéale », qui est un équilibre entre les trois fractions granulométriques.

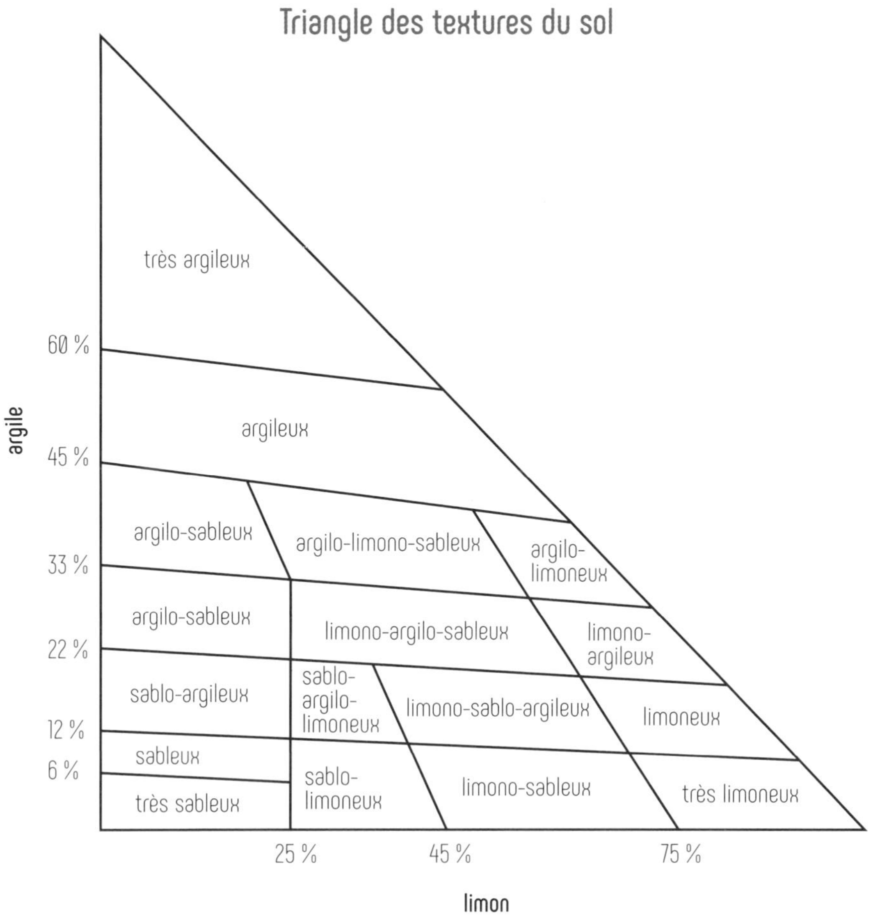

On représente la gamme des textures d'un horizon par un triangle comme celui-ci, communément utilisé par les pédologues. Les argiles sont positionnées sur l'échelle verticale (ordonnées) et les limons sur l'axe horizontal (abscisses). La teneur en argiles et limons permet de positionner l'horizon étudié dans une des 17 classes de textures de ce tableau, qui vont de très sableux à très limoneux à très argileux en passant par 14 autres nuances plus ou moins équilibrées en limons, sables et argiles.

Dans quels cas la texture d'un horizon est-elle un problème ?

Il est plus ou moins clair qu'une texture sableuse est un handicap à cause de son côté séchant et généralement acide et pauvre en éléments minéraux. Toutefois ce peut être un bon support de culture sur des parcelles où l'on maîtrise l'irrigation et la fertilisation. C'est ainsi que les sols sableux sont réputés pour la culture industrielle de la carotte, par exemple. Mais

pour la pratique du jardinage, on pourra en effet considérer ici que les sols sableux sont des sols en général difficiles.
Néanmoins, il apparaît moins évident de catégoriser toute autre classe de texture comme difficile : les textures équilibrées, certainement pas ; les textures limoneuses, bien que présentant des risques de tassement, ne sont pas un problème si on cultive sur un sol vivant. Même les textures argileuses présentent beaucoup d'avantages : elles sont riches en éléments nutritifs, elles présentent une bonne rétention en eau et, surtout, elles sont très attractives pour les vers de terre ! Dans ce livre, elles seront toutefois abordées comme des terrains difficiles, car elles sont souvent perçues comme tels, mais il y a fort à penser que cette difficulté vient davantage de méthodes de culture – notamment de travail du sol – inadaptées que d'un réel handicap lié aux propriétés physico-chimiques de ces sols. Foi de Gascon qui a appris à jardiner sur les sols argilo-calcaires de sommet de coteau dans le Gers !

Texture et profil de sol

Si la texture des différents horizons est souvent assez homogène sur toute la hauteur du profil de sol, il arrive que l'on observe d'importantes variations d'un horizon à un autre. Dans certains cas, on peut même se trouver en présence d'un horizon sableux directement sur un horizon argileux, ou le contraire, comme cela est monnaie courante dans certaines régions, par exemple en Sologne. Les situations de ce genre sont un problème, car l'eau, comme les racines des plantes, n'aime pas les transitions trop brutales, ce qui provoque des effets similaires à une zone de tassement.

L'activité biologique

Avec la couleur, liée aux matières organiques et aux états du fer, nous avons en fait parlé de chimie du sol. Avec la texture, il s'agissait de physique du sol. Parlons maintenant de biologie. Il est souvent question de cultiver sur sol vivant. Mais alors, comment savoir si un sol est vivant ?
Il n'existe pas vraiment de sol mort, car même dans les pires situations, quelques colonies de bactéries sont toujours présentes. Néanmoins un sol de monoculture céréalière ou maraîchère présentant une activité presque uniquement bactérienne est loin d'être aussi vivant qu'un sol de vieille prairie ou de forêt à l'humus très actif dont l'activité biologique se décline

Les plus gros représentants de la faune du sol sont parfois visibles en surface, comme ce diplopode (mille-pattes mangeur de matières en décomposition) bien visible sur un mulch de bois raméal fragmenté à la couleur très claire.

sous d'innombrables formes animales, fongiques, bactériennes, algales… Le propos de ce livre n'est pas de décrire le fonctionnement biologique du sol – pour cela le lecteur est invité à se reporter à d'autres ouvrages qui détaillent ce thème[2]. Ce qui va nous intéresser ici, c'est l'observation des traces d'activité biologique. En effet, plus un sol sera actif sur le plan biologique, plus il assumera aisément des fonctions qui aideront à la croissance des plantes. Un sol biologiquement actif est un avantage, à l'inverse un sol présentant une faible activité biologique est une contrainte que le jardinier devra lever. Il est bien entendu possible d'observer un certain nombre d'animaux

2. Par exemple : Gilles Domenech, *Jardiner sur sol vivant*, Larousse, 2015 ; Jean-Michel Gobat, Michel Aragno et Willy Matthey, *Le Sol vivant*, Presses polytechniques et universitaires romandes, 2010 ; Jeff Lowenfels et Wayne Lewis, *Un sol vivant, un allié pour cultiver*, Rouergue, 2016 ; Bernard Bertrand et Victor Renaud, *Le Génie du sol vivant*, Terran, 2009.

dans le sol, notamment en surface : vers de terre, cloportes, mille-pattes, carabes, orvets, limaces, fourmis, termites (en milieu tropical), collemboles, acariens, opilions… Mais l'essentiel de cette activité restant invisible pour les yeux, il est préférable d'utiliser d'autres méthodes que l'observation directe. Quatre angles d'observation – qui ne nécessitent aucun matériel – vous seront ici proposés : les galeries, la surface du sol, l'odeur, la disparition des matières organiques.

Les galeries

L'observation attentive des mottes que vous détachez des différents horizons de votre sol permet de distinguer des traces d'activité biologique. Ces traces sont essentiellement des trous dont le diamètre va de quelques centaines de micromètres à quelques millimètres, voire parfois plus. Ces trous sont des galeries, le plus souvent creusées par des vers de terre, parfois des fourmis ou encore des termites (en milieu tropical). Plus les galeries sont nombreuses, plus la faune de votre sol est active.

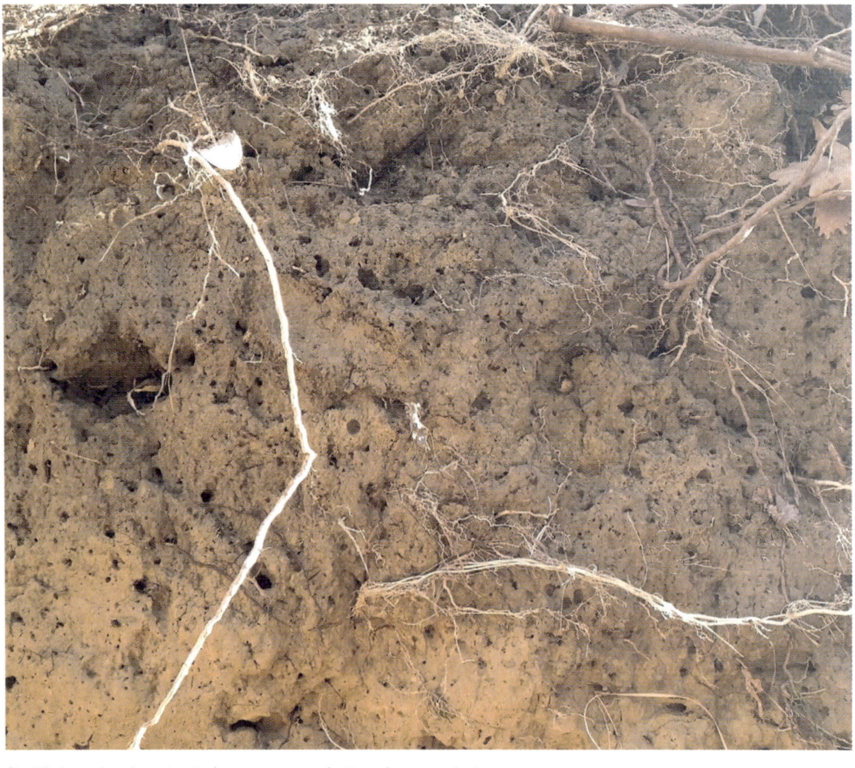

Profil de sol présentant de grosses galeries de vers de terre.

La surface du sol

La surface du sol est également un bon indicateur de l'activité biologique : un sol fermé, encroûté, à la surface trop lisse est un mauvais signe ; à l'inverse, un sol dont la surface est irrégulière et recouverte de grumeaux de terre arrondis, voire dont les deux premiers centimètres sont entièrement constitués de turricules de vers de terre, est un signe d'activité biologique intense !

Turricules de vers de terre déposés en surface d'un sol forestier.

Le sol de ce jardin, pourtant en terrain granitique sur le Massif central, a sa surface presque entièrement recouverte de turricules de vers de terre.

L'odeur

Une odeur fraîche de sous-bois, voire de champignon, est un signe d'activité microbienne intense et donc, là encore, un signe plutôt positif quant à l'activité biologique du sol. Bien entendu, il est tout à fait naturel que seul l'horizon de surface présente cette propriété. En profondeur, l'odeur est naturellement plus minérale.

Une odeur plus minérale dès la surface indique au contraire un déficit de matières organiques et d'activité biologique. Il est probable qu'une telle odeur soit associée à une structure en mottes anguleuses (voir p. 35).

Si l'odeur est putride, désagréable, rappelant la vase, c'est le signe que les matières organiques se décomposent dans de mauvaises conditions probablement liées à un engorgement en eau ou un tassement du sol. Il est probable qu'une telle odeur soit associée aux taches grisâtres ou rougeâtres dont il a été question à propos de la couleur des sols.

La disparition des matières organiques

Dans des forêts où le sol présente une forte activité biologique, si vous écartez l'épaisse couche de feuilles tombées à l'automne, vous verrez qu'il ne reste rien des feuilles de l'année précédente, signe qu'elles ont été entièrement décomposées par l'activité biologique, transformées en humus et intégrées au sol sous-jacent.

Dans cette forêt, la litière de l'année est posée directement sur un horizon minéral, toutes les feuilles tombées l'année précédente ont disparu.

Au jardin, vous pourrez faire des observations similaires : plus vos paillages se décomposent vite, plus l'activité biologique est intense. Si vous avez beaucoup de vers de terre, vous verrez également vos paillages se faire progressivement recouvrir de turricules.

Focus sur les vers de terre

Même s'ils ont été évoqués à plusieurs reprises dans les paragraphes précédents, il est important de porter une attention particulière à ce groupe d'animaux essentiels au bon fonctionnement de votre sol !

Il existe plusieurs types de vers de terre. La plupart du temps, on en distingue trois :

- les épigés, qui vivent en surface dans les matières en décomposition ou encore dans les composts ;
- les endogés, qui vivent sous terre dans des galeries horizontales ;
- les anéciques, qui vivent dans tout le profil de sol depuis la surface jusqu'à plusieurs dizaines de centimètres (voire mètres) de profondeur.

Ce sont ces derniers, représentant plus de 80 %, voire 85 % de la biomasse des vers de terre, qui nous intéressent le plus. À eux seuls, ils constituent le groupe d'animaux le plus abondant à la surface de la Terre avec une proportion de plus de 50 % de la biomasse animale des continents ! Ils sont les meilleurs recycleurs de matières organiques et les meilleurs ingénieurs de l'écosystème, ils gèrent également la fertilisation des cultures en libérant des éléments nutritifs à proximité immédiate des racines. Si vous souhaitez vous renseigner plus en détail sur les vers de terre (ce que je vous recommande chaudement), je vous renvoie vers des ouvrages plus spécialisés[3].

Ce qui nous intéresse ici est de savoir si les vers de terre sont nombreux dans votre sol. Pour cela, outre l'observation des turricules déjà évoquée, vous pouvez aussi observer directement votre sol en comptant le nombre de vers présents dans une motte de 20 cm × 20 cm × 20 cm, comme le propose la méthode néo-zélandaise de l'évaluation visuelle du sol[4]. Si vous dénombrez

---

3. Pour une approche très accessible même si vous n'avez pas de connaissances approfondies en biologie du sol : Christophe Gatineau, *Éloge du ver de terre*, Eyrolles, 2018 et *Sauver le ver de terre, l'un des premiers marqueurs de la biodiversité*, Le Jardin vivant, 2020. Pour une approche davantage destinée à des personnes ayant déjà des bases en biologie : Marcel Bouché, *Des vers de terre et des hommes*, Actes Sud, 2014.
4. T. Graham Shepherd, *Visual Soil Assessment. Field Guide for Assessing Soil Quality and Plant Performance under Pastoral Grazing*, Horizons Regional Council, 2014. La version française a été réalisée par PâtureSens sous le titre *Évaluation visuelle du sol. De la qualité des sols et la performance des plantes en pâturage et maïs, guide de terrain*, PâtureSens, 2014, p. 66-67.

moins de 15 vers de terre, votre sol en est peu pourvu, alors qu'au-dessus de 35 votre sol en est très riche. Bien entendu, pour être valable, ce test doit être fait en période d'intense activité de ces animaux, c'est-à-dire à partir du retour des pluies en automne jusqu'à la fin du mois de mai. Ensuite, les nuits sont trop courtes pour qu'ils puissent se nourrir suffisamment et ils préfèrent entrer en dormance dans les profondeurs du sol.
Notons que les vers de terre sont favorisés par des sols argileux et riches en cations (le calcium notamment), alors qu'ils sont défavorisés dans un sol sableux, acide et pauvre en calcium. Il est donc normal d'en trouver beaucoup moins dans un sol granitique que dans un sol argilo-calcaire !
Une faible population de vers de terre dans un sol cultivé est bien entendu une difficulté importante. Les causes peuvent être aussi bien naturelles (acidité, présence de sables…) qu'anthropiques (destruction de leur habitat par le travail du sol et l'excavation, empoisonnement par les traitements phytosanitaires…).

La prospection racinaire

Dans ce profil de sol, la nappe phréatique est à environ 60 cm de profondeur, le réseau racinaire est dense jusqu'à environ 50 cm et, même ensuite, on observe toujours des racines. Malgré son hydromorphie, ce sol est bien exploré par les racines des graminées de la prairie qui y pousse.

La biologie du sol ne se résume pas aux seuls vers de terre, champignons et autres organismes du sol. La plante, *via* sa partie souterraine, en fait partie intégrante ! C'est même ce qui nous intéresse le plus, puisque ce sont des plantes que l'on cherche à cultiver !
Observer la prospection racinaire revient à estimer l'épaisseur de sol disponible pour vos cultures. On pourrait penser qu'il s'agit de l'épaisseur totale du sol, mais la réalité est souvent plus complexe : le sol comprend parfois des horizons compacts qui empêchent la pénétration des racines. Par ailleurs, les racines des plantes peuvent pénétrer des horizons de roche altérée qui ne sont plus du sol au sens agronomique du terme

(mais considérés tout de même par les pédologues comme faisant partie du sol).
Bien entendu, plus l'épaisseur de sol explorée par les racines est importante, plus le sol est favorable à l'implantation de cultures, c'est même un paramètre essentiel. Par exemple, la méthode de l'évaluation visuelle du sol considère qu'une épaisseur de prospection racinaire est très défavorable en dessous de 20 cm et très favorable au-dessus de 80 cm, avec, bien sûr, toutes sortes d'appréciations intermédiaires entre ces deux bornes.

La structure

Venons-en au paramètre clé pour déterminer la qualité agronomique d'un horizon : la structure.
La structure nous dit comment les particules minérales (argiles, limons, sables) sont agencées entre elles. S'il s'agit d'un paramètre clé, c'est parce que la structure est la résultante de la physique, de la chimie, de la biologie du sol et de l'action des racines.
Une structure peut être compacte, aérée, grumeleuse, stable, instable, particulaire… C'est ainsi qu'un horizon argileux peut présenter une structure aussi bien grumeleuse que compacte, en fonction de sa teneur en matières organiques, son activité biologique, sa richesse en racines et aussi, bien entendu, la profondeur à laquelle il se trouve. Or, dans le langage quotidien, il est fréquent d'assimiler catégoriquement un sol argileux à une structure compacte. Cela est totalement faux, les exemples de sols argileux présentant de magnifiques structures aérées et stables sont légion !
L'idéal, du point de vue du développement des végétaux, est de faire pousser leurs racines dans une structure aérée (donc poreuse) et stable. Voyons plus en détail ce qui se cache derrière ces deux notions essentielles.

Exemple de terre argileuse, sur un coteau du Gers, appelée « terrefort », terme très évocateur de la difficulté à la travailler. Ce sol présente une très belle structure dans son horizon superficiel : ici, aucune forme de tassement n'est perceptible.

Quelques exemples de structures de sols

1

2

3

1 – Sable de rivière : il n'y a aucune cohésion entre les grains de sable. C'est ce que l'on appelle une structure particulaire.

2 – Horizon de surface d'un sol sablo-argileux de forêt : ici les particules minérales (sables et limons) et organiques (humus) sont agrégées sous forme de grumeaux. Cela donne une structure grumeleuse très aérée et stable qui permet une circulation très aisée de l'eau, de l'air, des racines et des animaux du sol.

3 – Sol argilo-limoneux, horizon de surface d'un champ de céréales à la structure très dégradée par les pratiques agricoles : la structure ici composée de petites mottes a été créée par le travail du sol. À première vue, cette structure est aérée et permet la circulation des fluides. Mais ce type de structure est très instable à l'eau, comme le montre l'état de sa surface très encroûtée après un automne très pluvieux.

4

5

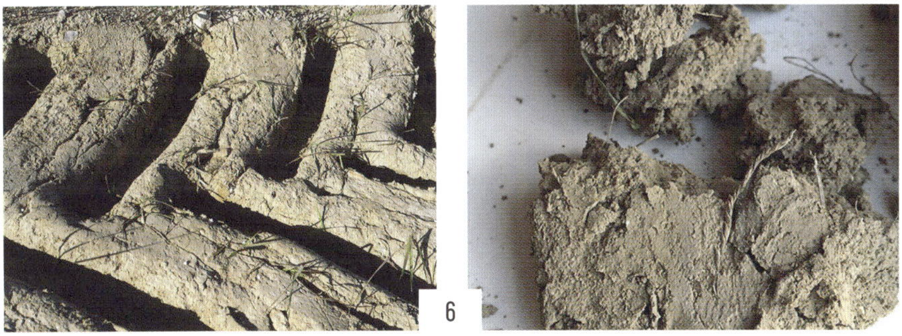

6

4 – Sol argilo-limoneux, horizon de surface d'un terrain agricole qui n'est plus travaillé et qui est compacté par un passage fréquent d'engins lourds : la structure ressemble à première vue au sol précédent, mais au lieu de mottes arrondies, nous avons affaire ici à des fragments anguleux et allongés, qui témoignent du tassement subi par ce sol.

5 – Sol argilo-limoneux, horizon de profondeur (probablement 20-30 cm) remonté par un labour : la structure est ici beaucoup plus massive que précédemment. Elle est composée de mottes anguleuses de taille bien supérieure à celles observées dans les sols 3 et 4. Dans une telle structure, la circulation de l'eau est très difficile.

6 – Terre argilo-limoneuse, compactée par la roue du tracteur : la structure est ici encore très massive et anguleuse, créant une couche de terre impénétrable pour l'eau comme pour les racines.

La porosité

Gros plan sur des agrégats d'un sol forestier. On a une forte macroporosité entre les agrégats et une forte mésoporosité au sein de ceux-ci. Cet équilibre assure à la fois une bonne circulation de l'eau et de l'air et une bonne rétention de l'eau mise à disposition des végétaux.

Structure grumeleuse dans l'horizon superficiel d'une prairie en Île-de-France. Ce type de structure est l'idéal que doit rechercher le jardinier.

Le fait que la structure soit aérée permet de créer un équilibre entre les différents types de porosité, c'est-à-dire la taille des vides entre les grains minéraux et organiques du sol. Il existe différentes classifications de la porosité ; celle proposée ici apparaît comme la plus intéressante du point de vue de la circulation de l'eau et de l'air dans le sol[5] :

- La **macroporosité** désigne l'ensemble des pores les plus gros, c'est-à-dire dont la taille est de l'ordre de la centaine de micromètres ou plus. Dans ces pores, l'eau circule par gravité, du haut vers le bas. Lorsque la macroporosité est pleine, le sol est engorgé en eau et donc totalement dépourvu en air. Si une telle situation se prolonge dans le temps, il y a un risque d'asphyxie et donc d'hydromorphie, repérable à la formation

5. Jean-Michel Gobat, Michel Aragno et Willy Matthey, *op. cit.*, p. 59-60.

Les trois types de porosité et leurs interactions avec l'eau du sol

particules minérales

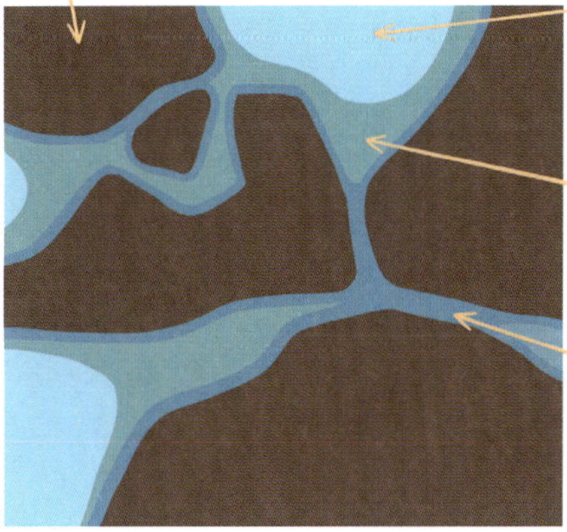

eau **gravitaire**, contenue dans la **macroporosité** (> 50 µm environ) et vite perdue par percolation dans le sol

eau **capillaire**, contenue dans la **mésoporosité** (entre 2 et 50 µm environ), utilisable pour les plantes, constituant la **réserve utile**

eau **liée**, contenue dans la **microporosité** (< 2 µm) et **à la surface des argiles**, trop fortement liée à la matière minérale pour être utilisée par les plantes

de taches et marbrures rouges et grises (voir p. 13). L'espace entre les agrégats de terre, les galeries créées par les racines ou les vers de terre, ou encore l'espace entre les grains de sable font partie de la macroporosité.

- La **mésoporosité** désigne les pores dont la taille est de l'ordre de la dizaine de micromètres. Dans ces pores, l'eau est beaucoup plus liée aux particules minérales et circule donc par capillarité des zones les plus humides vers les zones les plus sèches. L'eau contenue dans la mésoporosité est la plus intéressante pour les végétaux : elle est certes retenue par les particules minérales et ne peut donc s'infiltrer en profondeur, mais ce lien est suffisamment faible pour que la force de succion des racines leur permette de la prélever. L'eau contenue dans toute la mésoporosité de la couche de sol explorée par les racines est appelée la réserve utile, car c'est elle qui permet l'hydratation des végétaux. Lorsque la macroporosité est vide mais que la mésoporosité est encore remplie, on dit que le sol est ressuyé ou à l'équilibre hydrique. L'espace entre des grains de limons et une partie de la porosité au sein des agrégats de terre font partie de la mésoporosité.
- Enfin, la **microporosité** est la porosité la plus fine. Sa dimension est de l'ordre du micromètre et elle est essentiellement constituée par l'espace entre les argiles. Dans des pores aussi fins, l'eau est tellement fortement liée aux argiles qu'elle ne peut ni circuler ni même être prélevée

par les racines des végétaux. On parle ici d'eau liée. Lorsque seule la microporosité contient de l'eau, le sol paraît complètement desséché et les plantes souffrent de la sécheresse.

Si la microporosité est directement reliée à la présence d'argiles, donc à la texture du sol, l'essentiel de la macroporosité et, dans une moindre mesure, de la mésoporosité dépend de la structure du sol : plus un sol est aéré, plus il contient d'agrégats arrondis, créés par l'activité biologique du sol, et plus il contient de macropores entre les agrégats et de mésopores au sein de ces derniers. Une bonne agrégation du sol est donc un gage d'équilibre satisfaisant entre les différents types de porosité.

Notons ici que les concepteurs de terreaux et autres supports de culture maîtrisent parfaitement ces notions et que ces matériaux sont conçus pour présenter un parfait équilibre entre les différents types de porosité. Dans un sol naturel, cet idéal n'est jamais atteint, mais de bonnes pratiques culturales, respectueuses de la structure du sol, permettent de s'en approcher.

La stabilité structurale

Si bénéficier d'une structure aérée est indispensable au bon développement des cultures, l'intérêt d'une telle aération est limité si la première pluie ou le premier piétinement viennent faire s'effondrer la structure et notamment faire disparaître la macroporosité.

C'est pourtant ce qui se passe dans de nombreux sols aérés par le labour, à la surface ensuite affinée par des outils rotatifs afin de préparer un fin lit de semence. Ces sols ont souvent tendance à former une croûte dès les premiers orages de printemps, signe d'une structure instable. Le risque est alors de voir le sol laisser ruisseler l'eau qui lui tombe dessus. Si cette eau commence à prendre de la vitesse, elle commence à arracher des particules de sol et à provoquer de l'érosion, la dégradation la plus grave que puisse subir un sol puisqu'il s'agit d'un processus de destruction irréversible.

La stabilité d'une structure est liée à différents facteurs, en particulier la présence et la qualité des matières organiques qu'elle contient et l'activité des champignons et bactéries qui s'y développent, c'est pourquoi les sols de forêt et surtout de prairie présentent le plus souvent les structures les plus adaptées à la croissance des végétaux cultivés.

Il est assez facile de constater la stabilité structurale en plongeant un échantillon de terre dans de l'eau pour observer comment il réagit. On peut aussi faire cela de manière plus rigoureuse en réalisant un test de stabilité structurale ou *slake test* avec du matériel spécifique, matériel qui peut être aisément remplacé par un pot à cornichons pour un résultat tout à fait satisfaisant :

Croûte de battance de quelques millimètres d'épaisseur à la surface d'un sol céréalier. Malgré sa faible épaisseur, cette croûte réduit l'infiltration et augmente le ruissellement, ce qui peut être préjudiciable tant au niveau de la réserve en eau du sol que du risque d'érosion ainsi accru.

on positionne la terre sur le support interne du pot à cornichons (celui qui sert à remonter les cornichons pour les saisir sans mettre les doigts dans le vinaigre), puis on agite le support à cinq reprises au cours des 5 minutes que dure l'expérience pour voir comment réagit la motte. Y a-t-il de la terre qui tombe au fond ? La motte reste-t-elle entière ou se délite-t-elle ? Plus la motte reste entière, et moins il y a de terre au fond du pot, meilleure est la stabilité structurale. Cette expérience est notamment expliquée en vidéo sur la chaîne YouTube du FiBL[6].

6. Vidéo *5 tests simples pour évaluer la qualité des sols (slip,* slake, *thé, bêche, pot Barber)* sur la chaîne YouTube FiBLFilm : https://youtu.be/Kb1M-btH_Gs

Lorsqu'on plonge un échantillon de terre dans l'eau, celui-ci réagit plus ou moins. À gauche, une terre argileuse provenant d'un champ de céréales. À droite, une terre sablo-limoneuse provenant d'une forêt alluviale voisine. Les agrégats du premier échantillon ont littéralement éclaté sous l'effet de l'infiltration de l'eau dans la mésoporosité alors que le second n'a quasiment pas été affecté, sa structure étant beaucoup plus stable.

Un horizon riche a d'autant plus de chances de présenter une structure grumeleuse et stable qu'il est pourvu en matière organique, activité biologique et calcium.

La structure : un paramètre très sensible aux pratiques culturales

Si la texture est difficilement modifiable, il faut généralement faire avec celle que l'on trouve en arrivant sur le terrain. Il n'en est pas de même pour la structure, qui peut être très vite modifiée par vos pratiques culturales. Des pratiques inadaptées peuvent détruire une belle structure en quelques années et, à l'inverse, des pratiques vertueuses peuvent très vite l'améliorer en favorisant la richesse en matières organiques et l'activité biologique du sol.

C'est pourquoi la structure est un des paramètres les plus intéressants à observer dès la première année de culture, et toutes les années qui suivent. L'observation de la structure de surface est très aisée. Par contre, l'observation de la structure plus profonde nécessite de creuser une fosse. Bien entendu, il n'est pas nécessaire d'observer la structure profonde tous les ans. Une observation tous les 5 à 10 ans sera suffisante et surtout nécessaire si un défaut de structure a été constaté à une certaine profondeur. Si la structure initiale est bonne et que vos pratiques sont respectueuses du sol, il n'y a pas de raison que la structure à 20 ou 30 cm de profondeur se dégrade.

Si un défaut de structure est relevé dans l'état initial de la parcelle, il s'agit très souvent d'une dégradation du sol liée aux activités humaines qui s'y sont déroulées dans un passé récent. Voyons donc tout de suite comment ces diverses activités impactent, généralement de façon négative, la qualité du sol.

Les causes d'un défaut de structure

Qu'il s'agisse de travaux de construction, de pratiques culturales ou encore de piétinement par du bétail ou des humains, de nombreuses activités humaines ont un impact sur le sol.

Cet impact est malheureusement le plus souvent négatif quant à la fertilité du sol et parfois extrêmement destructeur. En général ces activités impactent au minimum la structure du sol ainsi que la succession des différents horizons dans le profil. Parfois, elles peuvent aboutir au phénomène de destruction le plus dangereux que puisse subir un sol : l'érosion.

Les pratiques agricoles

Les pratiques agricoles influent fortement sur la structure du sol, du fait, en particulier, du travail du sol et de la circulation des engins. Dans certaines conditions, ces pratiques génèrent du tassement sous l'effet de plusieurs phénomènes.

Tout d'abord, le poids des engins, surtout lorsqu'ils circulent sur un sol humide, provoque un tassement pouvant aller jusqu'à 30 cm de profondeur, sans compter les ornières qu'ils forment parfois et qui présentent des couches de surface fortement compactées où les mottes de terre sont complètement écrasées.

Par ailleurs, le travail du sol est susceptible de fortement perturber la structure de ce dernier. Là encore, cela est surtout vrai si le travail du sol a lieu dans des conditions trop humides. Malheureusement, cela arrive souvent lors de labours d'automne, par exemple, mais aussi en cas de travail avec des outils rotatifs. Notons que le motoculteur en est un et qu'il peut donc se révéler très nocif pour la structure du sol. Le principal problème de l'utilisation de ces outils, ainsi que d'outils à socs comme la charrue, est que le fond de la zone travaillée se retrouve lissé et compacté. Le passage répété de tels engins pendant plusieurs années – voire décennies – finit par créer une zone compacte appelée semelle.

Toutefois, il peut arriver que des outils *a priori* inoffensifs pour le sol, comme un semoir par exemple, créent de petites semelles temporaires en cas d'utilisation dans de mauvaises conditions de sol. Cela dit, même petites et temporaires, ces semelles peuvent avoir un impact significatif sur le fonctionnement du sol.

Un autre exemple de travail du sol ayant un impact négatif est le fait d'affiner la structure en surface pour favoriser la levée des semis. Cela peut sembler paradoxal puisqu'en agissant ainsi on crée une microstructure favorable aux échanges d'air et d'eau. Le problème est qu'une telle structure est souvent instable, en particulier dans des sols pauvres en matières organiques et à faible activité biologique.

À tous ces effets directement mécaniques s'ajoutent des effets biologiques et organiques, car le travail du sol est souvent néfaste aux organismes du sol et il favorise la minéralisation des matières organiques (c'est d'ailleurs une de ses fonctions, car la minéralisation des matières organiques permet la libération d'éléments nutritifs pour les végétaux). Mais la structure du sol est fortement liée son activité biologique ainsi qu'à la quantité et la qualité des matières organiques. La destruction de ces deux piliers de la fertilité des sols conduit donc inévitablement à une détérioration de structure, en particulier en matière de stabilité.

Le piétinement ou le pâturage

Le pâturage peut avoir sur le sol des effets opposés suivant la manière dont il est géré. Un pâturage bien géré peut générer de magnifiques horizons finement structurés par le dense réseau racinaire des graminées vivaces.

Cette prairie est localement compactée par une circulation trop fréquente d'engins agricoles ou de véhicules. Le tassement apparaît très nettement ici par une pousse très réduite de l'herbe par rapport au reste de la prairie.

Le 13 septembre 2015, la Claysse, petite rivière du sud de l'Ardèche, a connu une crue centennale. À cette occasion, le fort courant de la rivière a complètement décapé les champs situés sur ses rives de la terre de surface, laissant apparaître une couche compactée par le semis des céréales de l'année précédente. Il s'agit là d'une semelle de semis mise au jour par cet épisode cévenol exceptionnel. Elle est due à un automne 2014 très humide, ayant obligé les agriculteurs à semer les céréales d'hiver dans de mauvaises conditions de sol, ce qui a généré ce tassement par le semoir.

À l'inverse, un pâturage mal géré peut générer de forts tassements en surface. Cela peut être le cas de prairies régulièrement surpâturées, c'est-à-dire dont la végétation a été trop broutée, handicapant ainsi ses capacités de régénération de la pâture. De la même manière, les zones situées autour des abreuvoirs ou des emplacements où du foin est déposé pour les animaux sont souvent piétinées à l'excès, tout comme les espaces de passage régulier des bêtes, par exemple entre les zones de traite et les pâtures dans les cas d'élevages laitiers.
Toutes ces situations laissent un sol compacté en surface, parfois sur plusieurs dizaines de centimètres, peu favorable au développement des végétaux.

Les chantiers de construction

Les chantiers de construction (routes, bâtiments…) bouleversent complètement les horizons du sol naturel. C'est particulièrement le cas lorsque vous cherchez à faire un jardin dans un lotissement.
Deux principaux cas de figure peuvent alors se présenter : soit vous travaillez sur du remblai, c'est-à-dire de la terre rapportée de l'extérieur et étalée sur le futur emplacement de votre jardin, soit vous travaillez sur un sol déblayé dans lequel vous n'avez plus que les horizons profonds, les moins fertiles, le sol superficiel ayant été retiré.

Sol remblayé

L'avantage d'un remblai est que vous avez de grandes chances de bénéficier d'une épaisseur importante de sol meuble. Cela dit, toute l'épaisseur de matériau est-elle pour autant un sol explorable par les racines ? C'est une autre question ! En effet, le matériau de remblai peut présenter des qualités très aléatoires : il s'agit souvent d'une terre de nature inconnue mélangée à toutes sortes de déchets de chantier (tuiles, briques, ciment…). Et même si la terre de remblai provient d'un magnifique sol agricole, les perturbations lui auront malheureusement fait perdre une partie de ses qualités de départ.

Sol déblayé

Les cas de sols déblayés sont encore plus problématiques : non seulement le jardinier se retrouve à mettre en culture des horizons de sol naturellement situés à plusieurs dizaines de centimètres de profondeur (voire plus), donc naturellement pauvres en matières organiques et à faible activité biologique, et à la structure naturellement moins stable et aérée que ce que l'on observe

Sol de remblai dans le parc entourant une usine du centre de la France : en surface, l'entreprise qui a réalisé l'aménagement a épandu une terre dite végétale de qualité correcte mais, plus en profondeur, ici entre 30 et 90 cm, on a un remblai caillouteux et compact très difficilement pénétrable par les racines.

Dans ce remblai, on trouve toutes sortes d'éléments d'origine douteuse, comme ce morceau de polystyrène qui est voisin de bouts de ferraille, de goudron et de plastique divers et variés. Si l'on voulait faire un potager dans un tel sol, une étude de la pollution chimique éventuelle serait nécessaire.

en surface, mais en plus l'épaisseur du sol à mettre en culture est beaucoup moins importante qu'elle devrait l'être ! De plus, il est probable que la circulation des engins ait compacté la surface de ce nouveau sol !

Au final, mettre en culture un tel sol revient très fréquemment à cultiver un sol squelettique et à la structure fortement dégradée, ce qui constitue un véritable défi !

Les conséquences d'un défaut de structure

L'érosion

Le point le plus grave de la dégradation d'un sol, et en particulier de sa structure, est la disparition de la terre elle-même sous l'effet du ruissellement ou du vent. Cela indique que la structure est fortement dégradée, soit en raison du manque de matières organiques et d'activité biologique, soit en raison des phénomènes de tassement précédemment évoqués.
Cultiver sur un sol érodé signifie cultiver sur une terre dont les horizons superficiels, les plus fertiles, ont disparu ou tout au moins perdu une partie de leurs éléments fins (limons et argiles). C'est bien sûr une situation

Ce sol céréalier à la structure instable en surface est soumis à une forte érosion, en l'occurrence facilement visible au niveau de cette rigole. Une partie de la terre érodée s'accumule en bas de parcelle, comme on l'aperçoit au premier plan.

particulièrement difficile pour la mise en culture, car il est alors urgent de restimuler l'activité biologique, faire remonter le taux de matières organiques et recréer une structure favorable. Néanmoins, l'épaisseur de sol perdue par des années, voire des décennies, d'érosion est perdue à jamais (du moins à l'échelle de temps de la vie humaine).

L'hydromorphie

Nous avons déjà parlé de ce phénomène facile à détecter grâce à la présence de taches rouille ou bleuâtres dans le sol. Ce phénomène a souvent une origine naturelle, comme la présence d'une nappe phréatique à faible profondeur, mais il peut aussi avoir une origine artificielle, en particulier si le sol présente des phénomènes de tassement : à l'intérieur de ces zones compactées, ou juste au-dessus, il est possible d'avoir des stagnations d'eau suffisamment longues pour qu'un tel phénomène commence à apparaître, ce qui est potentiellement néfaste au développement des racines.

L'acidification

Ce phénomène est souvent cité en lien avec l'apport de bois, d'écorces ou d'aiguilles de résineux par exemple. Pourtant, jamais aucune expérience n'a mis en évidence de lien entre apport de résineux et acidification en contexte de jardinage ou d'agriculture.
L'acidification est plutôt liée aux conditions de dégradation des matières organiques – plus cette matière est verte (riche en azote), plus le risque est important. Elle se produit notamment lorsque ces matières sont enfouies dans le sol. Là encore, un défaut de structure qui limite la circulation de l'air, donc de l'oxygène dans le sol, favorise l'apparition de ces mauvaises conditions.

Pour conclure ce chapitre sur la structure, retenons que cette dernière est un des principaux paramètres qui peuvent provoquer des difficultés culturales, que ce paramètre est relativement facile à observer et qu'il est très sensible aux actions subies par le sol, qu'elles soient d'ordre cultural ou autre. Mais cette sensibilité est aussi un avantage lorsque le cultivateur met en place des pratiques vertueuses, la structure pouvant être rapidement améliorée.

Le climat

Dans de nombreux contextes, les conditions de culture sont rendues difficiles par le seul fait du climat. En effet, il existe des sols parfaitement fertiles sur lesquels la culture s'avère toutefois difficile en raison de la situation géographique (haute montagne, milieu semi-aride…).

En France, les sols basaltiques du Massif central en sont un exemple typique. S'ils sont parfaits d'un point de vue agronomique, tant en ce qui concerne la richesse minérale que la structure et la profondeur d'enracinement, ils subissent néanmoins sur une grande partie de l'année un climat froid très limitant pour la mise en culture.

Dans des conditions tempérées, les difficultés liées au climat viennent essentiellement des hivers rigoureux et longs des régions montagnardes, des étés chauds et secs des régions de plaine, en particulier sous climat méditerranéen, ou encore du vent qui peut nuire fortement aux plantes cultivées.

Sur le plateau ardéchois, dans le sud-est du Massif central, de nombreux sols basaltiques sont de bonne qualité agronomique, mais la mise en culture est fortement limitée par le climat extrêmement rigoureux.

Récapitulatif des principales causes de difficulté pour la mise en culture

Avant de clore cette première partie pour déterminer comment un jardinier peut gérer les différentes difficultés décrites précédemment, il n'est pas superflu de récapituler toutes ces complications potentiellement existantes, et de les regrouper, car certaines sont fortement liées entre elles.
Par exemple, une couleur ocre jaune indiquant vraisemblablement un sol pauvre en matières organiques a de grandes chances de mettre également en évidence un défaut de structure. Il en va de même pour un sol qui présente peu d'activité biologique, étant donné que sa structure est directement liée aux matières organiques et à l'activité biologique !
Représentons sous forme de carte mentale les notions parcourues jusqu'à présent en les réorganisant afin de rassembler les thèmes liés.

Synthèse des difficultés qu'un jardinier peut rencontrer sur son terrain

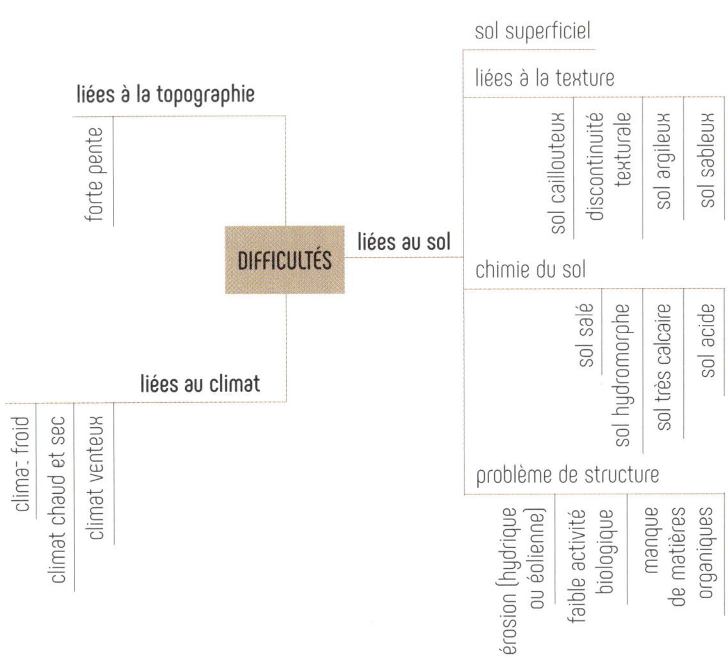

Récolte et végétation de potimarron et courgettes dans un jardin du sud de l'Ardèche, sur un terrain très sableux.

Partie II

Comment jardiner en terrain difficile ?

Arrivé à ce stade de la lecture, vous avez toutes les clés pour déterminer si votre contexte cultural est réellement difficile ou non. Voyons maintenant la pratique. Bien sûr, il ne s'agira pas de donner une recette pour chaque difficulté. La détermination des pratiques à mettre en œuvre dans votre jardin est la résultante de l'ensemble des contraintes auxquelles vous êtes soumis, mais aussi de vos aspirations, vos croyances, votre environnement social… Ce qui suit est donc davantage un ensemble de propositions de pistes à suivre en fonction des difficultés rencontrées.

La pente

Lorsque le relief est une source de difficulté, en particulier lorsque le jardin est très pentu, nous avons vu que plusieurs problèmes se posent au jardinier : l'inconfort et le risque d'érosion par ruissellement.

Adapter le terrain aux cultures

La solution qui vient souvent le plus naturellement à l'esprit est le terrassement de la pente. Si un tel aménagement nécessite souvent un gros travail, il permet en revanche de pallier les deux problèmes. Voici par exemple, page suivante, une version mise en place sur un versant cévenol par un jardinier local. De nombreuses agricultures traditionnelles ont également pratiqué le terrassement à grande échelle de versants de montagnes. C'est bien sûr le cas dans les Cévennes, mais aussi dans les rizières en terrasses d'Extrême-Orient et dans bien d'autres exemples de par le monde.
Le terrassement a toutefois pour défaut de laisser un sol profond, donc fertile, dans la partie en aval de la terrasse et au contraire, en amont, un sol décapé, plus superficiel, avec des problèmes conséquents de profondeur d'enracinement limitée et de structure souvent défavorable.
Pour éviter ce problème, il est nécessaire de se demander s'il serait possible de cultiver sur un terrain pentu sans le mettre en terrasse et sans risquer d'avoir de l'érosion. En effet, si l'on travaille le sol de manière classique, il est peu probable d'y parvenir. Mais si l'on garde le sol bien protégé de l'impact des gouttes de pluie et que sa structure est suffisamment aérée et stable, alors cela devient possible ! Voyons cela tout de suite !

Aménagement d'un jardin dans les Cévennes ardéchoises sur une forte pente : les pins maritimes initialement présents sur la parcelle ont été coupés et leurs troncs ont servi pour faire des murets de soutènement afin de créer des mini-terrasses qui ont ensuite été remplies de terre et mises en culture.

Rizières en terrasses en Extrême-Orient.

Cultures en terrasses en milieu méditerranéen.

Adapter les modes de culture au terrain

L'érosion prend en effet sa source dans un défaut de structure du sol et dans un manque de protection, en particulier par une couverture végétale vivante. S'il est possible de conserver tout le temps ou presque des plantes vivantes sur le sol ou, le cas échéant, un mulch, alors cultiver un sol en pente non aménagé en terrasses devient possible sans risquer de le voir partir avec les eaux de ruissellement.

Mais alors, direz-vous, reste le problème de l'inconfort : sur ces terrains-là, les cultures sont généralement disposées perpendiculairement à la pente et

Dans le jardin de Bernard Bertrand, dans les Pyrénées, la pente est très forte. Il n'y a aucun terrassement, les planches de culture sont dans le sens de la pente et les herbes grossièrement hachées à la « houe modifiée ».

se tenir continuellement en dévers est rapidement inconfortable lors des opérations culturales !
Cela est tout à fait vrai ! Mais le devient beaucoup moins si justement vous cultivez dans le sens de la pente ! Aussi incroyable que cela puisse paraître, dans un tel contexte de forte pente disposant d'une couverture permanente du sol, cultiver dans le sens de la pente est tout à fait envisageable et s'avère même être la solution la plus adaptée.
C'est la solution qui a été adoptée en particulier par Bernard Bertrand qui, outre le fait d'être un auteur célèbre dans les domaines du jardinage, des plantes ou encore de la vannerie, a été agriculteur dans les Pyrénées et cultive son jardin sur une forte pente exposée plein sud. La particularité de sa méthode est qu'il ne travaille jamais le sol, ou alors uniquement de manière très superficielle, lorsqu'il hache les herbes spontanées qui poussent entre ses légumes[7]. Dans ce qui nous intéresse ici, c'est-à-dire la gestion de la pente, il couvre en permanence le terrain par des plantes vivantes. Pour ce faire, rien de plus simple : il laisse pousser les plantes spontanées ! Afin qu'elles ne concurrencent pas trop les cultures, il les hache régulièrement avec une « houe modifiée » à angle obtus (voir photos page précédente). Cela permet, outre un apport régulier de matière végétale au sol, de maintenir un couvert permanent de plantes vivantes dont les systèmes racinaires tiennent le sol et dont les systèmes aériens le protègent mécaniquement du choc des gouttes de pluie.
En conclusion, deux voies sont donc envisageables pour mettre en culture un terrain pentu :

- Aménager le terrain pour éviter l'érosion et améliorer le confort de travail du jardinier. Cela a le défaut d'exiger un gros travail de mise en place et de perturber fortement le sol au moment du terrassement. En revanche, l'avantage est qu'ici, un mode de culture classique avec travail du sol est envisageable.
- Cultiver sous une couverture végétale permanente (vivante ou morte) afin de protéger le sol de l'érosion, porter une attention particulière à la qualité de sa structure et cultiver dans le sens de la pente pour un meilleur confort de travail. Cette méthode demande beaucoup moins de travail de mise en place, ne perturbe pas le sol mais exige de pratiquer un jardinage sans travail du sol et avec d'importants retours organiques au sol venant soit des cultures, soit des engrais verts, soit des herbes spontanées, soit d'éventuels mulchs et amendements.

7. Quelques pages sont consacrées à son travail dans l'ouvrage *Jardiner sur sol vivant*, *op. cit.*, p. 50-53.

Le climat

Les climats froids

Un des principaux obstacles pour la bonne conduite d'un potager est la rigueur climatique. En effet, de nombreux légumes sont originaires de pays tropicaux et ne peuvent donc être cultivés qu'en période chaude. Bien évidemment, plus on progresse en altitude ou en latitude, plus la période propice à ces cultures devient courte.
Nous nous focaliserons ici sur le potager à l'air libre sans nous étendre sur les cultures sous abri – en particulier sous serre – qui permettent en effet de s'affranchir en partie de ces contraintes climatiques. Pour ces dernières, je renvoie à des ouvrages plus spécialisés comme le célèbre *Des légumes en hiver* d'Eliot Coleman[8].

Adapter le choix des espèces et des variétés

La première piste pour s'adapter à un climat rigoureux est un choix d'espèces et de variétés pertinent.
Généralement, sous un climat froid, les légumes originaires de milieux tempérés sont beaucoup plus adaptés. Il s'agit par exemple des poireaux, des oignons, des choux, des navets, des fèves, des pois... On peut ajouter à cette liste les pommes de terre qui, bien qu'originaires d'Amérique tropicale, nous viennent de la cordillère des Andes et sont donc faciles à cultiver sous nos climats montagnards.
Les légumes tropicaux, eux, sont plus compliqués à cultiver. Cela dit, ils seront d'autant plus faciles à cultiver dans votre potager d'altitude que leur cycle est court. C'est ainsi que des haricots, bien que d'origine tropicale, ont toutes les chances de réussir. Pour des légumes à cycle plus long, comme les tomates, les aubergines, ou les poivrons, c'est plus compliqué. Mais là encore, les choix variétaux qui s'offrent au sein de ces espèces modèrent cette affirmation. En ce qui concerne les tomates, par exemple, Julien Delmas, producteur de semences de légumes aux confins du Cantal et de la Lozère à plus de 1 000 m d'altitude, nous conseille les variétés de tomate suivantes, tant pour leur précocité que pour leurs qualités gustatives. Il s'agit de variétés

8. Eliot Coleman, *Des légumes en hiver, produire en abondance, même sous la neige*, Actes Sud, 2013.

Quelques exemples de variétés de tomate bien adaptées aux climats froids du Massif central (ces photos ont été prises prises fin septembre dans le Cantal à plus de 1 000 m d'altitude). De haut en bas et de gauche à droite : 'Dark Galaxy', 'Joyau d'Idaho', 'Early Dwarf Red', 'Dwarf Shadow Boxing Long', 'Dwarf Cherokee Tiger Large Red'.

de petite taille ou sélectionnées dans des régions froides de l'Amérique du Nord ou en Russie : 'Joyau d'Idaho', 'Canabec Rose', 'Koralik', 'Pendulina jaune', 'Dwarf Champion', 'Chestnut Chocolate', 'Early Dwarf Red', 'Auriga', 'Lucky Tiger', 'Helsing Junction Blues', 'Dwarf Shadow Boxing Long', 'Dwarf Cherokee Tiger Large Red', 'Dark Galaxy'…

Rien ne sert de courir, il faut partir à point : implanter dès que le sol est réchauffé !

Bien entendu, étant donné la faible longueur de la saison propice à la croissance de la plupart des légumes, une mise en place dès que possible au printemps est indispensable, au risque de voir les premières gelées automnales empêcher les récoltes d'arriver à maturité. Toutefois une implantation trop précoce risque de voir la culture démarrer péniblement, quand elle n'est pas tout simplement détruite par une gelée tardive. Dans ce dernier cas, des

En sortie d'hiver, il est fréquent de voir une coloration jaune sur les champs de céréales. Cela est dû au fait que le sol froid est peu actif sur le plan biologique et a donc du mal à libérer l'azote contenu dans les matières organiques du sol.

abris amovibles ou des voiles d'hivernage peuvent s'avérer indispensables. En revanche, pour éviter une implantation laborieuse, il sera nécessaire de gérer un des écueils majeurs de tout jardinier : le réchauffement du sol au printemps.

En effet, même si les journées commencent à être chaudes dès le mois d'avril, voire dès le mois de mars, le sol, lui, se réchauffe tout doucement, ce d'autant plus qu'il est souvent encore très humide à cette période de l'année. Or, un sol froid a peu d'activité biologique, et un sol qui a peu d'activité biologique n'arrive pas à minéraliser ses matières organiques. Et c'est justement cette minéralisation[9] qui fournit aux plantes leur nourriture minérale !

Au final, un sol froid n'offre pas aux plantes une nutrition minérale suffisante. Cela est illustré par exemple par la couleur jaune des champs de blé au mois de mars : au moment où le blé voudrait démarrer sa croissance, il lui manque de la nourriture et notamment de l'azote dans le sol. C'est cette « faim d'azote » qui donne cette couleur jaune au blé. C'est le même phénomène qui est en jeu lorsque des légumes « patinent » après leur implantation printanière.

---

9. Transformation des matières organiques en éléments minéraux et notamment en éléments nutritifs pour les plantes tels que nitrates, phosphates, potassium, magnésium, etc. dissous dans l'eau et donc assimilables par les plantes.

En climat doux, avec une longue arrière-saison à l'automne, il est possible de prendre son temps pour implanter les cultures. Au pire, ça produira plus tard, mais ça produira !
En climat froid cependant, le temps presse et il faut implanter dès que le sol est suffisamment réchauffé ! Et pour mettre toutes les chances de son côté, il faut qu'il soit réchauffé le plus vite possible. Pour ce faire, demandons-nous ce qui retarde le réchauffement du sol.

Pourquoi le réchauffement est-il si long ?

Tout d'abord l'inertie thermique fait que le sol a besoin de recevoir beaucoup d'énergie pour se réchauffer. Or, cette inertie thermique est liée essentiellement à l'humidité du sol : plus le sol est humide, plus il se réchauffe lentement. En conséquence, on aura intérêt en début de printemps à sécher le sol. Bien sûr pas trop pour que les plantes puissent y puiser l'eau dont elles ont besoin, mais suffisamment pour qu'elles puissent s'y nourrir.
Le second facteur est l'ombre : si les rayons du soleil parviennent à la surface du sol, ils lui transfèrent de l'énergie, ce qui a pour effet de réchauffer et sécher la surface du sol. Un sol nu et exposé au soleil se réchauffe donc plus facilement qu'un sol ombragé ou couvert de végétation.

Techniques culturales et réchauffement du sol

Voyons à présent comment les différentes techniques culturales aident ou contrarient le réchauffement du sol.
Dans le jardinage classique, le sol est travaillé en début de saison et laissé nu en attendant l'implantation des cultures. Bien que le travail du sol ait beaucoup de défauts et qu'il soit préférable d'aller vers moins – voire plus du tout – de travail du sol, force est de reconnaître que cette méthode est très efficace pour en assurer un réchauffement rapide. Cette façon de faire reste donc une option envisageable en milieu montagnard, même si l'exploration d'autres pistes est à privilégier.
Si vous cultivez sans travail du sol, il est possible de simplement ôter les mulchs en début de printemps afin de laisser les rayons du soleil faire leur travail avant que vous implantiez vos cultures.
La présence de plantes vivantes sur le sol en sortie d'hiver, qu'il s'agisse de plantes spontanées, de cultures ou de couverts végétaux, participe à assécher le sol. Ce faisant, elles réduisent son inertie thermique et favorisent son réchauffement. La méthode de Bernard Bertrand, qui cultive dans les Pyrénées à 650 m d'altitude en laissant se développer la couverture végétale spontanée, va exactement dans ce sens.

Couvert de seigle, vesce et pois au mois de mars en Haute-Loire. Implanté au mois de septembre précédent, ce couvert a passé l'hiver sans problème et démarre sa forte croissance dès la fin de la saison. Cela a pour effet, entre autres, un assèchement du sol favorisant son réchauffement.

Par contre, la présence d'un mulch, en ombrageant le sol et en y favorisant le maintien de l'eau, est un véritable obstacle au réchauffement. C'est pourquoi les mulchs en début de printemps sont généralement proscrits en climat froid. Ceci est une réalité difficile à contester, mais il est possible de nuancer cette approche en considérant le mulch comme un isolant qui, certes, ralentit le réchauffement du sol au printemps, mais aussi son refroidissement à l'automne…

Empêcher le sol de se refroidir

Cela nous amène à une approche technique qui n'a plus lieu au printemps mais à l'automne. En effet, à cette saison, l'inertie thermique – encore elle – fait que le sol se refroidit beaucoup plus lentement que l'air, de sorte que le sol reste longtemps chaud à l'automne. Une option, pratiquée par exemple par Gaëlle et Julien Delmas à Saint-Flour, à environ 800 m d'altitude où le climat des hauts plateaux du Massif central est pour le moins rigoureux, est de disposer sur le sol un mulch très épais (plus de 20 cm de foin et autres matières végétales) afin de conserver la chaleur du sol pendant tout l'hiver. Aussi étonnant que cela puisse paraître, cette simple technique leur permet de démarrer leur potager au printemps, en même temps que leurs voisins qui ont conservé un mode de jardinage plus classique.
Cette méthode est également appliquée dans des climats plus doux.

Dans cette ferme de l'Ain, le sol est couvert avec un épais paillage dès l'automne afin de limiter son refroidissement pendant l'hiver et ainsi démarrer la saison de culture au printemps le plus rapidement possible.

Les climats secs

Si la chaleur n'est pas en soi un handicap, la sécheresse estivale est par contre un écueil très courant dans nos régions tempérées. En effet, la plupart de nos légumes d'été sont d'origine tropicale ; or, dans ces régions du monde, ils reçoivent souvent plusieurs centaines de millimètres de pluie pendant leur période de végétation, tandis qu'en région tempérée ils doivent parfois se satisfaire de moins de 100 mm, même si cela est très variable suivant les années et les endroits.

Notons d'ailleurs qu'il est possible de cumuler les inconvénients des climats froids et des climats secs, en particulier en zone continentale où les hivers sont froids et longs et les étés ensuite chauds et secs.

Sous ces climats aux étés secs (qui concernent une grande partie du territoire français) la gestion de l'eau est un enjeu majeur. Il est nécessaire d'adapter les méthodes de culture afin de gérer au mieux les réserves en eau du sol.

Différentes solutions sont à envisager pour cela :

- adapter les cultures ;
- augmenter le stockage de l'eau dans le sol ;
- limiter l'évaporation ;
- stocker l'eau dans le sol ;
- et bien sûr irriguer.

Adapter les cultures

Exactement comme pour les climats froids, la première chose à considérer est d'adapter les plantes que l'on veut cultiver à la sécheresse du climat en choisissant des espèces ou des variétés plus tolérantes à la sécheresse, voire de sélectionner au sein des variétés existantes des profils plus résistants. Cela est illustré notamment par le travail fortement médiatisé ces dernières années de Pascal Poot, dans l'Hérault, qui a sélectionné au sein de variétés de tomate déjà existantes des profils très résistants à la sécheresse en les cultivant avec beaucoup moins d'irrigation que le veut l'usage dans ce type de région[10].

Augmenter le stockage de l'eau

La principale méthode pour augmenter le stockage de l'eau est l'augmentation du taux de matières organiques – en particulier d'humus – du sol. En effet, les humus sont capables de stocker plusieurs fois leur poids en eau. Augmenter le taux d'humus de seulement 1 % a un impact sur la réserve utile du sol. Nous reviendrons plus loin, au chapitre sur la structure (p. 98), sur les différents moyens d'augmenter ce taux.

Limiter l'évaporation

L'eau du sol est transférée sous forme de vapeur vers l'atmosphère selon deux processus :

- L'évaporation, qui est la vaporisation de l'eau à la surface du sol sous des effets physiques (chaleur et vent notamment).
- La transpiration, qui est le transfert d'eau à travers les plantes puis sa vaporisation au niveau des feuilles. Ce phénomène permet aux plantes de réguler leur température en période chaude.

Lorsque l'on cherche à mesurer le transfert de vapeur d'eau provenant du sol, il est très difficile de distinguer les deux phénomènes, c'est pourquoi on parle souvent d'évapotranspiration.

Si la respiration est signe de vitalité des végétaux, l'évaporation est une pure perte d'eau pour le système sol-plante et doit être limitée au maximum en période de déficit hydrique !

---

10. Pour en savoir plus, consulter son site Internet : www.lepotagerdesante.com et sa chaîne YouTube *Les Graines de Pascal Poot* : www.youtube.com/channel/UC05iQ_IpU1R4Qu5bRbty04g/null

Trois photos du même potager, en mai, juin et juillet, implanté avec des cultures d'été (tomates, cucurbitacées) : en mai, et même en juin, le mulch est très efficace pour limiter l'évaporation de l'eau à la surface du sol. Par contre, à partir du mois de juillet, l'eau est essentiellement transférée *via* la transpiration, car les plantes recouvrent entièrement le sol. Qu'il y ait ou non un mulch ne change alors plus grand-chose.

Pour ce faire, le plus simple est d'empêcher les rayons du soleil de toucher le sol. La présence d'un mulch est à cet effet une des méthodes les plus faciles à mettre en œuvre pour contrôler l'évaporation. Bien sûr, en climat sec, un mulch épais (de plus de 10 voire 20 cm d'épaisseur) est souvent nécessaire.
Le binage est également une manière de limiter l'évaporation. En effet, qui n'a pas entendu la célèbre maxime « un binage vaut deux arrosages » ? Mais qui la comprend vraiment ?
En fait, le binage casse la continuité de la porosité du sol, or c'est cette continuité qui achemine l'eau par capillarité depuis les profondeurs humides vers la surface desséchée par le soleil écrasant du Midi ! Biner revient donc tout simplement à faire un mulch de terre. Cette solution doit être envisagée si l'on ne dispose pas d'un matériau permettant de mulcher suffisamment. Toutefois, un mulch organique présente l'avantage de nourrir l'activité biologique du sol, ce que le binage ne permet pas. Le mulch doit donc être préféré au binage s'il est disponible.
La présence d'arbres ou d'ombrières artificielles, en favorisant un microclimat plus frais dans la zone ombragée, permet également de limiter l'évaporation.
Cela dit, cet effet de conservation de l'eau dans le sol induit par la protection contre le rayonnement solaire est surtout marqué en début de saison de culture, lorsque les plantes ne couvrent pas complètement le sol. Lorsque les plantes commencent à se développer et à couvrir le sol, les mulchs n'ont plus grande utilité pour limiter le transfert d'eau du sol vers l'atmosphère, car ce transfert se fait essentiellement par transpiration.

Stocker l'eau dans le sol

Si limiter l'évaporation est indispensable en climat sec, il faut bien avoir conscience que de nombreuses régions subissant des climats perçus comme secs sont en réalité plus arrosées que d'autres sous des climats perçus comme humides. C'est particulièrement le cas en France, où la zone méditerranéenne reçoit par endroits des précipitations largement supérieures à celles relevées dans la moitié nord du pays. Ce qui provoque la perception de sécheresse est en fait l'irrégularité des précipitations. En climat méditerranéen, les périodes humides sont souvent le printemps et l'automne, alors que l'hiver et surtout l'été sont beaucoup plus secs. De plus les précipitations sont souvent très violentes et il peut tomber par endroits plusieurs centaines de millimètres en quelques jours. Cette pluie diluvienne laisse ensuite la place à plusieurs semaines de sécheresse. Le défi est donc de stocker un maximum d'eau lors des périodes humides pour l'avoir à disposition lors des périodes sèches.

Un récupérateur pour recueillir l'eau collectée par la toiture d'une maison. Même si un tel système est intéressant, le volume stocké reste très limité comparé aux besoins d'un jardin en cas de sécheresse prolongée, comme cela est de plus en plus souvent le cas.

Comment faire cela ? La première idée qui vient souvent à l'esprit est une retenue d'eau ou une réserve pour stocker cette eau de pluie. C'est en effet une possibilité.

Une réserve d'eau, souterraine ou non, est surtout adaptée pour récupérer l'eau des toitures. Il faudra un volume dimensionné en fonction de la taille du potager pour tenir la distance en cas de longue sécheresse estivale.

Par exemple, si l'évapotranspiration représente en moyenne dans votre secteur géographique 3 mm par jour (soit 3 litres par mètre carré et par jour), il faudra apporter autant par l'irrigation afin de compenser cette perte pour le sol. Si le jardin fait 100 m^2, il faudra donc apporter 300 litres par jour sur l'ensemble du jardin. En cas de sécheresse de 1 mois, ce qui est tout à fait possible en été dans de nombreuses régions de France, il faudra avoir une réserve d'eau d'au minimum 300 × 30 = 9 000 litres, soit 9 m^3, ce qui est considérable à l'échelle d'un jardin ! Mais il faudra souvent prévoir bien plus si les périodes de sécheresse sont plus longues ou si les orages de l'été ne suffisent pas à redonner plusieurs semaines d'autonomie en eau.

Des récupérateurs d'eau souples permettent de stocker un tel volume, mais cela représente un investissement important et nécessite une place que les jardiniers n'ont pas forcément.

Quant à la retenue d'eau, elle est également réservée à des jardiniers disposant d'un grand terrain, nécessite un gros travail de mise en place et peut poser de

Citerne souple permettant de stocker l'eau en vue des périodes sèches.

Petite retenue d'eau dans le Massif central. Une telle retenue peut être utilisée aussi bien pour l'irrigation que pour abreuver les bêtes ou créer une réserve de biodiversité incluant batraciens, poissons, insectes, plantes aquatiques...

graves problèmes de sécurité en cas de rupture de digue. Un respect strict de la législation en vigueur et des préconisations est donc indispensable.
Un autre inconvénient de la retenue est qu'elle doit souvent être située sur un point bas du terrain et peut donc nécessiter de remonter l'eau pour la ramener au niveau du jardin, ce qui nécessite du travail ou de l'énergie, ainsi que du matériel de pompage.
Une manière alternative de considérer le stockage de l'eau est de l'envisager sous terre : dans le sol ou dans le sous-sol. Pour cela, l'idée est de favoriser au maximum l'infiltration dès le haut du terrain, voire du bassin versant si vous avez la possibilité de gérer l'eau à une telle échelle. Pour ce faire, l'approche technique des baissières, chère aux permaculteurs, est tout à fait adaptée et intéressante dans de nombreux cas. Bien sûr, si votre jardin est situé sur un sol

Fonctionnement d'une baissière

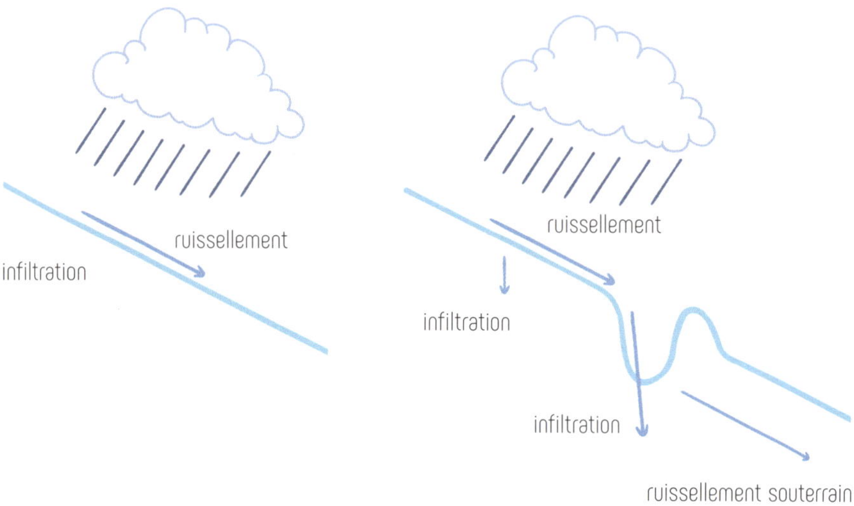

On voit ici que le ruissellement est intercepté et transféré dans le sol pour devenir un ruissellement souterrain susceptible de créer une réserve d'eau pour un jardin situé en aval.

Aménagement au Maroc d'un versant très pentu et consacré à la culture de l'olivier avec des baissières. Celles-ci cassent le ruissellement, évitent ainsi l'érosion et forcent l'infiltration de l'eau.

Circulation de l'eau dans un bassin versant aménagé avec des baissières

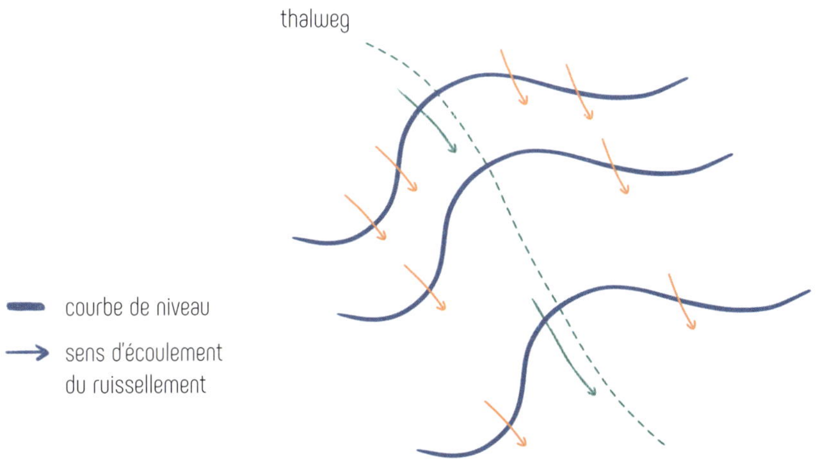

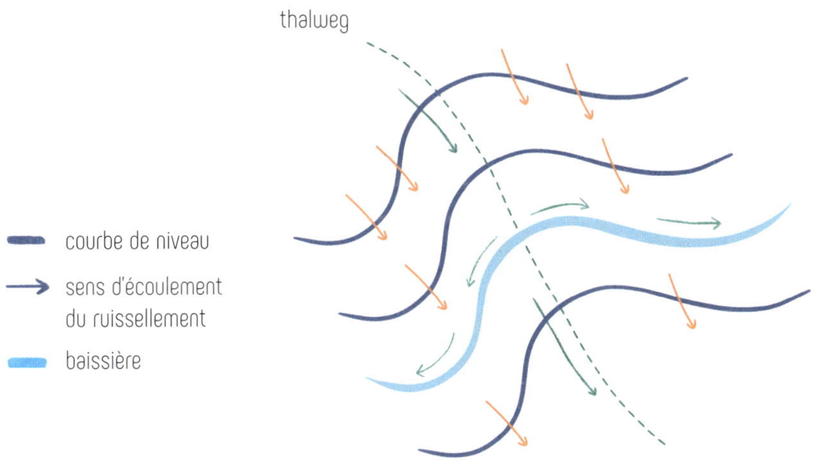

On voit ici l'écoulement du ruissellement dans un bassin versant naturel et dans un bassin versant aménagé avec une baissière. En stoppant le ruissellement de surface, la baissière redistribue l'eau vers les lignes de crête, naturellement plus sèches. L'écoulement en aval de la baissière est, là encore, majoritairement souterrain et permet donc d'irriguer un jardin sans que celui-ci soit nécessairement concentré sur le fond du vallon.

superficiel développé sur une roche imperméable et que ce sol est engorgé en eau en période humide, chercher à infiltrer plus d'eau sera vain. En revanche, si vous avez un sol relativement épais qui n'est jamais engorgé et/ou un sous-sol perméable, ce genre d'approche est potentiellement très intéressant.
L'idée ici est de creuser, en partant du haut du terrain, des fossés suivant les courbes de niveau. Cela évite d'une part le ruissellement s'il a lieu et permet surtout d'autre part de favoriser l'infiltration – donc le stockage – de l'eau de pluie dans les nappes superficielles du sol et du sous-sol situés immédiatement en aval. L'eau infiltrée en période humide est stockée dans les couches profondes du sol et du sous-sol et y est ainsi potentiellement disponible pour les végétaux, qui la puisent soit grâce à leur système racinaire profond s'il y a lieu, soit grâce aux remontées capillaires en période sèche.
Un autre intérêt de l'aménagement en baissières est la redistribution de l'eau sur l'ensemble du terrain. En effet, naturellement, l'eau ruisselle vers les creux, les fonds de vallons, ce que les géographes appellent « thalwegs ». Réaliser des baissières permet de redistribuer et mieux répartir cette eau depuis le thalweg vers les lignes de crête afin d'humecter plus uniformément les sols du jardin dans son ensemble.
Une variante de cet aménagement en baissières existe en Inde, avec la pratique dite du *bunding* qui a été la première étape de la reforestation du plateau d'Auroville, par exemple. Ici, au lieu d'aménager le bassin versant avec des fossés, on l'a aménagé avec des talus qui suivent les courbes de niveau et ont également pour effet de stopper le ruissellement, forcer l'infiltration de l'eau et la redistribuer dans l'ensemble du bassin versant.

Irriguer

Même si les approches définies précédemment permettent de réduire le besoin en irrigation, cette pratique reste indispensable dans de nombreuses régions tempérées aux étés secs, comme celles qui se trouvent par exemple en climat méditerranéen ou continental.
Il existe de nombreux types d'irrigation. Parmi les plus fréquents, nous trouvons les modes d'arrosage dits « de surface » et l'arrosage dit « localisé ». Pour les pelouses et les espaces publics, on utilise aussi l'arrosage dit « enterré », procédé par aspersion à partir de tuyaux enterrés, mais ces contextes nous intéressent peu ici et, en ce qui concerne les pelouses, il est préférable de miser sur des plantes adaptées (qui ne sont pas forcément des graminées) que de gaspiller de l'eau pour cet usage[11]. À côté de cela, d'autres formes

11. Voir par exemple Olivier Filippi, *Alternatives au gazon*, Actes Sud, 2011.

d'irrigation, plus ancestrales, sont également mises en place ou redécouvertes aujourd'hui, comme l'utilisation de canaux d'irrigation ou encore de jarres de terre poreuses enterrées.

L'arrosage de surface

Ce mode d'arrosage consiste à apporter l'eau aux végétaux en quantité relativement importante soit en la versant au pied de ces derniers, soit *via* des systèmes d'aspersion. Les procédés sont variés, du simple arrosoir aux systèmes d'arrosage par aspersion (oscillants, à turbine, à tuyère…) couplés ou non à un programmateur d'arrosage, en passant par les classiques lances d'arrosage et pistolets multifonctions.
L'avantage de ce type d'arrosage est qu'il est relativement simple à concevoir et le plus souvent peu onéreux à l'achat. Il permet également un arrosage sur la plante et aussi sur le sol environnant, ce qui correspond en partie à la zone de prospection par les racines.

Arrosage de surface à l'aide de simples arrosoirs accrochés à un bambou posé sur les épaules pour plus d'ergonomie.

L'arrosage localisé

Ce type d'arrosage consiste à utiliser de tout petits arroseurs à débit généralement très faible (souvent 4 voire 2 litres par heure) pour apporter l'eau de manière très précise. Ces arroseurs sont essentiellement des goutteurs et des microasperseurs. On trouve également des brumisateurs (surtout utiles sur de jeunes semis) et des tuyaux microporeux qui ne comportent pas d'arroseurs mais suintent légèrement tout le long de la ligne. Si l'on jardine sous mulch, il est recommandé d'implanter les goutteurs et tuyaux microporeux sous les paillages.
L'avantage de ce type d'arrosage est sa précision et donc les faibles quantités d'eau utilisées par rapport à un arrosage de surface. Toutefois sa mise en œuvre est généralement beaucoup plus complexe et coûteuse (à part dans le cas des tuyaux microporeux, très faciles à installer), en raison des nombreux raccords, goutteurs et asperseurs à mettre en place.

Jardin arrosé avec un goutte-à-goutte. Afin de mieux valoriser l'eau d'irrigation, il serait préférable de disposer les tuyaux et les goutteurs sous le paillage.

Les canaux d'irrigation

Cette méthode d'irrigation appartient aujourd'hui plutôt au passé dans les pays occidentaux mais est encore très présente dans les pays du Sud. De plus, la réglementation empêche généralement la déviation de cours d'eau pour l'irrigation de jardins ou de champs. Toutefois, même en France, de tels systèmes existent encore çà et là.

L'idée est de faire circuler l'eau au contact même de la terre pour qu'elle s'infiltre partiellement et humidifie ainsi les terrains situés en aval. L'action des canaux est donc comparable à celle des baissières à la différence qu'on utilise ici l'eau d'un cours d'eau ou d'un forage et non l'eau de ruissellement. Pour ce faire, les terres limoneuses qui permettent une infiltration ni trop rapide, ni trop lente de l'eau sont les meilleures. Un sol trop perméable provoque une infiltration trop rapide et le canal devient vite sec, alors qu'un sol trop imperméable laisse l'eau dans le canal sans qu'elle humidifie les terrains situés en dessous.

Les canaux suivent des courbes de niveau ou sont très légèrement descendants entre la prise d'eau et le point où ils retournent à la rivière.

Canaux pour l'irrigation des prairies dans la Margeride (nord de la Lozère).

Les jarres enterrées

Enterrer des jarres poreuses, aussi appelées « oyas », est une méthode ancestrale utilisée traditionnellement dans de nombreuses régions arides du monde depuis l'Antiquité. De plus en plus de jardiniers en terrain sec s'y intéressent pour maintenir leur terre humide sans avoir à intervenir. Cela est très pertinent, car des études montrent que c'est probablement la méthode d'irrigation la plus efficace de toutes !

L'idée est ici d'enterrer des jarres poreuses pour qu'elles libèrent leur eau par capillarité au fur et à mesure que les végétaux assèchent le sol environnant et que l'eau s'infiltre dans le sol. Le fait que les transferts se fassent par capillarité permet en plus que le sol soit toujours à l'équilibre hydrique, c'est-à-dire jamais trempé ni sec, favorisant une nutrition hydrique régulière des végétaux.

La vitesse d'écoulement de l'eau depuis la jarre est très variable et dépend de nombreux facteurs : la hauteur de l'eau dans la jarre, la demande des végétaux (donc la transpiration), l'évaporation (si vous avez bien travaillé, elle doit être quasi nulle) et la porosité de la jarre.

Fonctionnement d'un oya

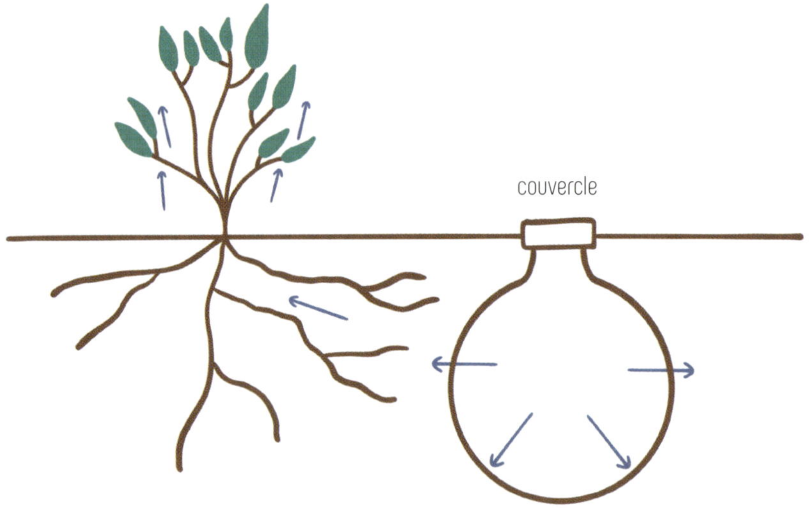

La plante assèche le sol au voisinage de l'oya, ce qui a pour effet de « tirer » par capillarité l'eau contenue dans la jarre vers le sol, d'où elle est ensuite prélevée par la plante puis évaporée au niveau des feuilles.

Oya enterré dans un jardin.

Afin de maintenir une hauteur importante, ce qui facilite l'écoulement du fait d'une pression plus importante sur les parois, il est nécessaire de remplir régulièrement les jarres pour remplacer l'eau transmise au sol. Idéalement, il faudrait même les maintenir à ras bord, mais cela exigerait une présence quasi permanente, ce qui n'est pas réaliste.

Il est toutefois possible de s'économiser cette tâche en connectant ces jarres à des canaux d'irrigation, ce qui maintient leur niveau toujours au maximum, mais cela nécessite une installation supplémentaire dans un système d'irrigation déjà lourd à mettre en place.

Le défaut de cette méthode est bien sûr sa mise en place, ainsi que la fragilité de la terre cuite. Elle est également mal adaptée aux sols sableux, dans lesquels l'eau s'infiltre très vite et risque ainsi de ne pas profiter aux cultures à enracinement superficiel. En revanche, elle est très efficace pour irriguer les terres argileuses ou limoneuses.

Si vous souhaitez approfondir le sujet, Wikipédia propose un article très complet et très bien documenté sur l'irrigation par jarre[12].

12. Article « Irrigation par jarre » : https://fr.wikipedia.org/wiki/Irrigation_par_jarre

Les dangers de l'irrigation

Les deux risques majeurs concernant l'irrigation sont la battance et la salinisation. Voyons dans quels cas cela peut se produire et comment s'en prémunir.

La battance

Ce problème concerne surtout l'irrigation par aspersion, notamment si l'aspersion se fait avec de grosses gouttes (cas des arroseurs de surface vus précédemment). Ce problème est beaucoup moins marqué, voire inexistant, avec de la micro-irrigation.
En effet, la battance provient notamment du choc des gouttes d'eau sur la surface du sol. Cela crée une fine croûte en surface, dans laquelle les éléments minéraux du sol (argiles, limons et sables) sont finement triés (les sables en bas, les argiles en haut). La couche composée de particules d'argiles devient vite compacte et, même si son épaisseur dépasse rarement quelques millimètres, elle défavorise l'infiltration de l'eau et devient ainsi un facteur de ruissellement et parfois d'érosion du sol. De plus, ce phénomène limite les réserves d'eau disponibles pour les cultures.

Formation d'une croûte de battance

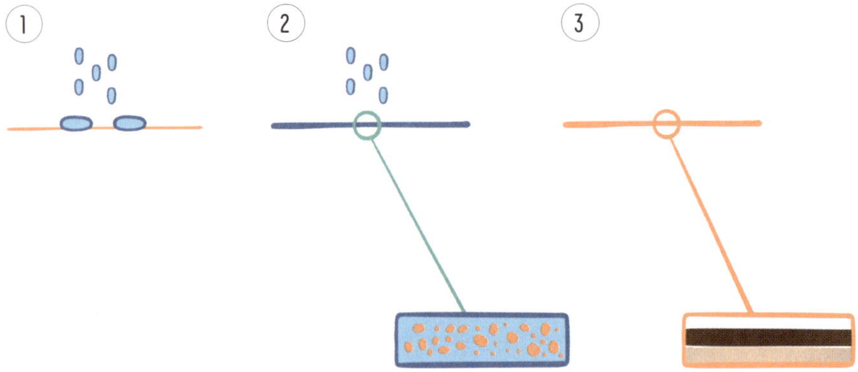

1 – Les gouttes de pluie ou d'irrigation par aspersion frappent violemment le sol. Ces innombrables chocs déstructurent les agrégats minéraux de la surface.
2 – Il se forme à la surface du sol une petite pellicule d'eau dans laquelle les particules minérales déstructurées en 1 sont mises en suspension.
3 – Ces particules se sédimentent : les sables en bas, puis les limons et tout en haut les argiles, si elles ne sont pas emportées par les eaux de ruissellement. Il se forme alors une croûte peu perméable à l'eau et à l'air.

Pour l'éviter, une protection physique du sol par un mulch (pas forcément très épais, quelques centimètres suffisent) permet de limiter fortement le phénomène, même si sa structure est moyennement stable. Mais le meilleur remède à ce problème est préventif et consiste à avoir un sol à la structure aérée et surtout très stable qui le rend insensible à la battance. Ce thème est traité plus loin dans l'ouvrage (voir p. 98).

La salinisation

Ce problème apparaît surtout en climat aride, où l'eau transpirée par les végétaux vient en grande majorité de l'irrigation et très peu de la pluie. En effet, les eaux utilisées pour l'irrigation viennent généralement de cours d'eau ou de nappes souterraines. Bien que ces eaux soient douces, elles contiennent toujours de petites quantités de minéraux, beaucoup plus en tout cas que l'eau de pluie. Chaque goutte d'eau qui s'évapore au niveau de la surface

Phénomène de salinisation

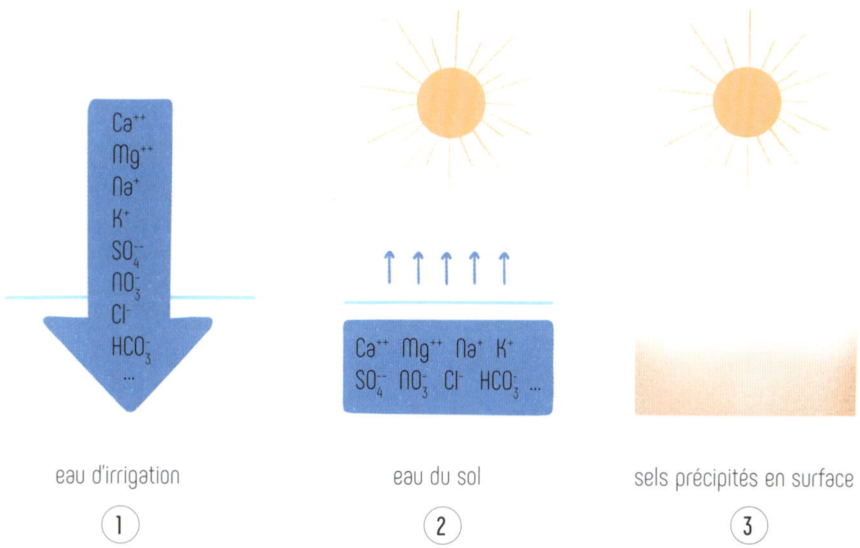

1 – On apporte par l'irrigation une eau douce contenant de petites quantités de sels minéraux dissous, dont les principaux sont en général ceux indiqués dans la flèche bleue (calcium, magnésium, sodium, potassium, sulfates, nitrates, bicarbonates, chlorure...).

2 – Sous l'effet du rayonnement solaire, l'eau s'évapore peu à peu et les sels initialement présents en faible quantité sont de plus en plus concentrés dans l'eau du sol, rendant celle-ci de plus en plus salée et impropre à l'alimentation en eau des cultures.

3 – Si le phénomène se poursuit, il peut causer la précipitation de certains sels minéraux pour former en surface des croûtes salées qui stérilisent le sol.

du sol, provoque un infime dépôt de sels minéraux. En climat tempéré ou tropical humide, tôt ou tard, des pluies viennent dissoudre à nouveau ces sels et les entraîner en profondeur. Mais dans un climat très sec, les sels s'accumulent progressivement jusqu'à rendre le sol impropre à l'agriculture. Ce phénomène à grande échelle a par exemple été la cause probable de la chute de l'Empire babylonien et est présent dans de nombreuses régions du monde à climat aride, semi-aride ou même méditerranéen.
Pour éviter cela, il conviendra de limiter le plus possible l'évaporation pour favoriser plutôt la transpiration par les végétaux. Si vous avez fait le nécessaire au préalable à cet égard, la salinisation ne devrait pas être un problème, même si vous cultivez dans une oasis du Sahara.

Les terrains exposés au vent

Un vent fort et fréquent est un handicap important pour le bon développement des cultures. En effet, outre le risque de verse des cultures, le vent provoque des baisses de rendement significatives. De plus, il est source d'inconfort pour le jardinier qui doit faire face à ce facteur climatique lorsqu'il se trouve au jardin.
Pour réduire l'impact du vent, il n'y a qu'une solution : s'en abriter.
Si le meilleur abri reste celui d'une haie champêtre multi-étagée, ce type de formation végétale prend une bonne dizaine – voire vingtaine – d'années à se mettre en place, ce qui est beaucoup à l'échelle de temps d'un jardin portant des cultures annuelles. Des alternatives plus rapidement mises en œuvre sont également à envisager, comme des brise-vent formés d'herbes géantes ou encore des barrières artificielles anti-vent, éventuellement recouvertes de plantes grimpantes.

Les haies champêtres

Une haie champêtre est le meilleur coupe-vent que vous puissiez proposer à votre jardin ! C'est une barrière filtrante de hauteur potentiellement importante. Pour être efficace, votre haie doit être composée d'au moins trois strates : les grands arbres, les petits arbres et les arbustes. Ces derniers sont très importants pour éviter que le vent s'engouffre sous les houppiers et soit ainsi accéléré au ras du sol, ce qui serait l'exact contraire de l'effet recherché ! Idéalement, votre haie est composée d'essences locales, parfaitement adaptées au climat et au sol afin de pouvoir se développer avec le moins de soins possible.

Jeune haie champêtre dans un jardin gersois, composée d'essences locales spontanées. Ce mélange des espèces arbustives (viornes, troènes des bois, aubépines, cornouillers...) et arborées (chênes, cormiers, ormes champêtres, merisiers...) permet à la haie d'offrir un maximum d'habitat, d'être plus résiliente aux perturbations et de procurer une meilleure protection vis-à-vis du vent.

Les haies d'herbes géantes annuelles ou vivaces

Une alternative à la haie champêtre est l'utilisation d'herbes géantes, comme les cannes de Provence, les bambous, le miscanthus, le topinambour, le sorgho… L'effet coupe-vent est profitable, mais plusieurs points les rendent moins intéressantes qu'une haie multi-étagée :

- Tout d'abord, soyez vigilant au côté envahissant de certaines de ces herbes, en particulier le bambou.
- La hauteur reste limitée comparée à celle d'une haie champêtre, de sorte que l'effet coupe-vent est moindre.
- Certaines de ces plantes, bien que vivaces, voient leur partie aérienne mourir en fin de saison, de sorte que l'effet coupe-vent n'est significatif qu'une fois que ces végétaux ont atteint une taille suffisante, ce qui n'est généralement pas le cas avant le milieu voire la fin de l'été. Les jeunes plants au printemps ne seront donc pas du tout protégés par cet obstacle. Cela se vérifie davantage encore si on utilise des plantes annuelles comme le sorgho. Ces plantes sont très intéressantes pour produire de la biomasse afin d'amender ensuite le sol de votre jardin, mais leur effet coupe-vent est très limité.

Haie de cannes de Provence dans le Roussillon. Une telle haie est capable de fournir chaque année plus de 20 t de matériau par hectare pour pailler et amender le sol.

Barrière anti-vent dans une ferme drômoise battue par le mistral. Notez qu'une haie champêtre a été plantée au pied de la barrière afin de la remplacer à moyen terme. Bien que peu esthétique, ce type de barrière s'avère indispensable pour faire du maraîchage dans des secteurs très ventés.

Les brise-vent artificiels

Il existe aussi la possibilité de réaliser des brise-vent artificiels qui ont l'avantage d'être immédiatement opérationnels, par exemple en attendant qu'une haie champêtre ait eu le temps de se développer.

Pour ce faire, un mur est à proscrire absolument ! En effet, un bon coupe-vent doit être filtrant et non bloquant, sans quoi des tourbillons se forment juste derrière le mur et ont des conséquences tout aussi délétères sur les cultures que si le vent n'était arrêté par aucun obstacle.

Pour réaliser un tel brise-vent, il existe plusieurs possibilités :

- La plus simple est l'utilisation de barrières anti-vent vendues dans le commerce, tout à fait adaptées mais dont l'esthétique n'est pas toujours en harmonie avec le paysage.
- La création de barrières avec des canisses est plus esthétique, mais la contrainte mécanique posée par le vent risque de les endommager rapidement.

On peut aussi mettre en œuvre une solution intermédiaire entre la barrière artificielle et la haie en installant une structure sur laquelle on fait grimper des plantes. Dans ce cas-là, il sera préférable que la structure permette à la plante grimpante de se développer suffisamment en épaisseur pour avoir un pouvoir filtrant suffisant sur le vent afin de protéger les cultures qui seront derrière. Au final, il faut viser à obtenir une « haie » d'au moins 50 cm d'épaisseur et aussi haute que possible.

Le sol

Nous avons vu dans la première partie de cet ouvrage que l'observation du profil de sol permet de mettre en évidence de nombreuses difficultés propres au sol, soit par sa nature, soit du fait des activités passées qu'il a subies. Dans ce qui suit, nous allons regrouper ces différents types de difficultés en quatre principales classes : le sol superficiel (faible profondeur du sol), les problèmes liés à la texture du sol, ceux liés à la chimie du sol et enfin ceux liés à sa structure.

Les sols superficiels

Une des principales difficultés liées au sol que rencontrent les jardiniers est sa profondeur, ou plus exactement la profondeur de l'enracinement des végétaux. Un sol peu profond (moins de 40 cm) pose plusieurs difficultés du fait que les ressources en eau et éléments nutritifs y sont limitées. Cela a des conséquences directes sur la vigueur des végétaux qui se retrouvent rapidement confrontés à un manque d'eau en période sèche ou à une forte concurrence sur les ressources minérales dès que la végétation est en pleine croissance. C'est ainsi que l'enherbement spontané est par exemple beaucoup plus préjudiciable dans ce type de contexte que sur des sols profonds et riches en éléments minéraux. De plus, si l'aspect superficiel du sol est associé à une texture sableuse ou à une pauvreté en éléments nutritifs du fait de la nature de la roche mère, ces problèmes sont encore plus marqués !
Avant d'aller plus loin dans la réflexion, il est nécessaire de garder à l'esprit qu'un tel sol n'est pas un sol maraîcher et qu'il ne sera pas possible d'obtenir les productions par unité de surface observées dans des sols profonds et riches. Toutefois, des pratiques adaptées rendent le jardinage possible et, dans une certaine mesure, productif. Pour ce faire, il faudra soit chercher à améliorer la rétention en eau et la richesse en éléments minéraux, soit augmenter l'épaisseur du sol.

Améliorer les propriétés du sol

Nous ne reviendrons pas ici sur les différentes méthodes vues au chapitre sur les climats secs (p. 64), les conseils qui y sont prodigués sont exactement les mêmes dans cette situation.

Sol superficiel sur éboulis granitique dans le Massif central. Ce type de sol est compliqué à mettre en culture en raison de la faible profondeur d'enracinement offrant aux plantes de faibles ressources hydriques (indépendamment du fait que ce sol soit en plus sableux, probablement acide et soumis à un climat montagnard).

Parcelle de maraîchage à plus de 1 000 m d'altitude dans la Margeride (dans le nord de la Lozère). Malgré un climat rigoureux et un sol superficiel et acide, le maraîcher cultivant cette parcelle arrive à de bons résultats grâce à un travail du sol raisonné et des apports adaptés, comme des mulchs de tontes de gazon au printemps.

Augmenter l'épaisseur du sol

Une autre piste est d'augmenter l'épaisseur du sol. Cela peut se faire en apportant de la terre d'ailleurs, même si cela nécessite un énorme chantier et le transport de terre. Cette solution reste envisageable si un chantier dans le voisinage permet d'avoir facilement de la terre à proximité immédiate. Un autre problème posé par cette solution est que la terre ainsi obtenue risque de présenter une structure de mauvaise qualité (terre de déblai).
En revanche, il est toujours possible de créer des planches surélevées, des ados ou des buttes en prélevant de la terre dans les allées pour surélever les planches de culture. Ce cas-là est des rares où la butte est véritablement intéressante.
Certains auteurs conseillent également d'enterrer du bois pour faire ce qu'on appelle parfois improprement une « butte de permaculture ». Notons au passage que la permaculture n'a rien à voir avec la culture sur butte mais est plutôt un mode d'aménagement d'un espace (généralement cultivé mais pas forcément). L'intérêt du bois enterré est qu'il joue un rôle d'éponge qui retient l'eau et en augmente ainsi la quantité disponible pour les cultures. Le fait d'enterrer des matières organiques n'est cependant pas toujours pertinent, car le sol peut avoir tendance à devenir anaérobie et à s'acidifier à proximité des matières en décomposition. Cela dit, ce risque est beaucoup plus accru avec des matières azotées comme de l'herbe ou du fumier frais qu'avec du bois. Cette technique peut donc être envisagée si l'aération du sol est suffisante pour amener l'oxygène jusqu'au bois en décomposition. Par contre, si votre sol est lourd et mal structuré, ou s'il présente des signes d'hydromorphie, il vaut mieux, par précaution, éviter ce genre de technique.

Les sols hydromorphes

Les sols hydromorphes sont engorgés en eau tout ou partie de l'année. Cela génère une asphyxie (permanente ou temporaire) du sol qui est problématique pour la plupart de nos plantes cultivées appréciant de développer leurs racines dans une terre aérée. Une hydromorphie permanente donne au sol une couleur gris bleuté alors qu'une hydromorphie temporaire provoque plutôt l'apparition de marbrures dues aux phénomènes d'oxydation et de réduction du fer (voir p. 15).
L'on remarquera peut-être que l'étymologie du mot « maraîchage » est associée au marais. C'est vrai, mais c'est surtout par opposition aux terres de

coteau favorables à la culture des céréales qui ont été de tout temps – en tout cas depuis l'invention de l'agriculture – la base de l'alimentation de la plupart des civilisations humaines.
Les marais étaient donc des terres marginales qu'on réservait à des cultures plus marginales en termes de surface, comme le maraîchage. Cela dit, ces marais étaient drainés avant d'être mis en culture, soit par des canaux, en surélevant les planches de culture, soit, plus récemment, par l'installation de drains enterrés. Dans tous les cas, à moins de faire de la riziculture, il est très rare de pouvoir implanter une culture dans un marécage sans drainage préalable.
Si le sol est complètement hydromorphe à longueur d'année, la mise en culture du terrain est déconseillée, même si elle est rendue possible par le drainage, car les zones humides représentent des milieux souvent menacés, riches d'une biodiversité rare et spécifique et qui remplissent des rôles écologiques majeurs (filtration de l'eau, haltes migratoires…).
En revanche, il est fréquent que des terrains présentent une hydromorphie temporaire, en général en hiver pour nos régions tempérées, et s'assèchent ensuite au cours du printemps. Ces terrains permettent sans difficulté la mise en place de cultures d'été mais posent problème pour les cultures primeurs lorsque le sol est encore engorgé en eau. Deux attitudes peuvent alors être envisagées : soit accepter la situation telle qu'elle se présente et renoncer aux cultures primeurs, soit modifier le terrain pour le rendre cultivable même en sortie d'hiver.

Accepter la situation telle qu'elle se présente

Cette attitude est bien entendu la moins intrusive et la moins coûteuse en travail pour le jardinier. Son défaut est qu'elle impose de renoncer aux cultures primeurs, voire aux cultures implantées en automne et qui se récoltent au printemps (fèves, pois d'hiver, épinards, laitues d'hiver…).
Toutefois, on pourra là encore améliorer la situation en implantant des engrais verts dans le courant de l'automne afin d'aider le sol à évaporer une partie de son humidité excessive en sortie d'hiver.
En revanche, dans de tels sols, il est fréquent que l'eau reste présente à faible profondeur en été. Les remontées de la nappe phréatique participent alors à irriguer les cultures présentes à ce moment, rendant ainsi ces sols tout à fait adaptés pour les cultures d'été souvent gourmandes en irrigation (tomates, aubergines, courgettes, maïs, courges…).

Modifier le terrain

Si la situation telle qu'elle se présente n'est pas acceptable pour le jardinier, par exemple parce que toute sa parcelle est hydromorphe ou que les cultures primeurs sont un enjeu important pour lui au niveau économique ou alimentaire, il est toujours possible de modifier le terrain. Le plus simple est alors de cultiver sur buttes ou planches surélevées. C'est une des rares situations, avec les sols superficiels, où un tel chantier de mise en place se justifie d'un point de vue cultural.

Ici, on évitera absolument d'enterrer des matières organiques, car elles ont de gros risques de se décomposer dans de mauvaises conditions et ainsi d'aggraver l'hydromorphie, voire de provoquer une acidification du sol dans la zone de décomposition, ce qui est favorable notamment à l'apparition de maladies racinaires.

Les buttes à ériger dans les cas de terrains hydromorphes sont donc de simples levées de terre d'une hauteur d'au moins 20 à 30 cm. Ces buttes peuvent être encore plus hautes si le terrain, en plus d'être hydromorphe, est inondable, cela afin de maintenir le haut des buttes hors de l'eau en cas d'inondation.

Les problèmes de texture

Un problème de texture signifie généralement que le sol est très sableux, ou qu'il présente une discontinuité texturale, de type argile sur sable ou sable sur argile. Nous parlerons aussi des sols argileux, souvent perçus à tort comme difficiles.

Sols sableux

Le sable, en raison de la taille de ses grains minéraux, retient mal l'eau, qui tend alors à s'infiltrer très rapidement dans le sous-sol. Ici particulièrement, des apports organiques et une irrigation adaptés sont primordiaux.

Les sols de ce type sont souvent ceux qui supportent le mieux les amendements carbonés tels que le BRF (bois raméal fragmenté[13]), qui visent à fabriquer de l'humus plus qu'à libérer des éléments nutritifs pour les cultures. L'utilisation de BRF y est donc tout à fait conseillée, mais aussi les

13. Pour découvrir les propriétés et usages du BRF, voir par exemple Éléa Asselineau et Gilles Domenech, *De l'arbre au sol, les bois raméaux fragmentés*, Rouergue, 2007.

Mulch de BRF au pied d'arbres remarquables dans un parc de la ville de Vichy, dans l'Allier.

apports de toutes sortes de matières organiques d'origine animale ou végétale, qu'elles soient azotées ou carbonées.

Pour ce qui est de l'irrigation, il est préférable ici de pratiquer des arrosages réguliers et en petite quantité. En effet, si un gros arrosage par semaine peut être très intéressant dans le cas d'un sol plus lourd, cela serait ici contre-productif, car l'eau risquerait de s'infiltrer profondément, au-delà de la zone de prospection des racines de vos cultures.

Sols argileux

Si les sols argileux sont réputés difficiles, c'est surtout parce qu'ils sont difficiles à travailler, en particulier si l'on doit retourner son sol par bêchage tous les ans ! La solution est donc toute trouvée : il suffit d'arrêter de le travailler, ou tout au moins d'arrêter de le retourner !

Mais alors, direz-vous, il va se compacter ! Déjà qu'un sol argileux est compact par nature ! Ces questions sont tout à fait légitimes, aussi il nous faut observer de plus près l'état de notre sol pour faire la part des choses.

Tout d'abord, il est important de rappeler que texture et structure sont deux notions complètement différentes et qu'un sol argileux n'est pas forcément compact, et *vice versa*.

Ici, la terre argilo-calcaire d'une ferme de maraîchage dans la Drôme a été amendée avec un lit de compost. Les vers de terre ont mélangé la terre et le compost pour donner cette magnifique structure grumeleuse !

La question du tassement sera traitée plus précisément au moment d'aborder les problèmes de structure. Toutefois, essayons de comprendre pourquoi les sols argileux sont perçus comme compacts même lorsqu'ils ne le sont pas.

Cela vient d'abord du fait qu'un sol argileux devient souvent très dur en séchant. Cela n'a rien à voir avec du tassement ; d'ailleurs, les fentes de retrait que l'on observe régulièrement lorsque le sol est sec sont justement un mécanisme naturel de décompaction. Cette impression de tassement vient également du fait de sa lourdeur lorsqu'on le travaille. Bien sûr, si la structure est réellement compacte, l'impression de lourdeur est accentuée, mais elle se ressent même si le sol est bien structuré. Ces deux sensations – sol dur en période sèche et sol lourd à travailler – sont bien liées à la texture argileuse du sol et non à sa structure.

Venons-en donc aux pratiques culturales : outre le fait d'éviter de travailler le sol, tout au moins en profondeur, il va falloir stimuler la mise en place d'une structure aérée et stable. Or, nous avons des alliés de choix pour cela : les vers de terre (et plus particulièrement les anéciques). Et justement ces amis apprécient tout particulièrement les sols argileux !

Et pour favoriser les vers de terre, la réduction ou tout au moins la rationalisation du travail du sol est indispensable. En effet, le travail du sol risque de tuer tout ver de terre se situant dans la couche de terre travaillée. Si l'on tient à conserver une partie de travail du sol, il faudra donc veiller à intervenir lors d'une période où le sol est sec en surface, afin que les vers de terre soient enfouis suffisamment en profondeur pour que la plupart d'entre eux soient épargnés par l'outil mécanique. Certains outils sont également plus problématiques que d'autres : les outils animés de type motobineuse sont beaucoup plus destructeurs que les outils à dents, qu'ils soient tractés ou manuels (grelinette, fourche bêche, herse...).
Les vers de terre sont également fortement stimulés s'ils ont de quoi se nourrir à la surface du sol. Un mulch d'herbes ou de feuilles est ainsi un véritable garde-manger pour eux ; ce type d'amendement de sol est donc à privilégier. Notons que de nombreux apports organiques ne sont pas intéressants pour les nourrir, en particulier les composts et les fumiers, qui sont souvent les seules matières apportées au sol de nombreux jardins. Si ces deux types d'amendement ne stimulent pas particulièrement l'activité des vers de terre, cela ne signifie pas pour autant qu'ils soient sans intérêt à d'autres égards.
Vous l'aurez compris, cultiver un sol argileux revient donc à élever des vers de terre anéciques. Bien sûr, cela est vrai pour la grande majorité des sols cultivés, aussi bien en milieu tempéré que tropical, mais encore plus si le sol est argileux. Les vers de terre gèrent alors pour vous la fertilité du sol : ils l'aèrent grâce à leurs galeries, mélangent les matières organiques aux matières minérales, libèrent de l'azote à proximité immédiate des racines, enrichissent la terre de leurs turricules plus riches en éléments assimilables que le sol environnant...
Techniquement, élever des vers de terre se traduit par certains apports organiques, comme les mulchs riches en cellulose (feuilles, tontes, foin, tailles de haies...), mais aussi par le retour au sol d'un maximum de résidus (de culture ou de désherbage, couverts végétaux...). Toutes ces techniques sont décrites de manière très détaillée dans l'ouvrage *Jardiner sur sol vivant*[14], mais voici un résumé des points les plus importants.

Les mulchs riches en cellulose

Nous nous focaliserons ici surtout sur les mulchs de matériaux plus ou moins carbonés et riches en cellulose – la nourriture de base des vers de terre. La cellulose étant la molécule qui donne leur souplesse aux plantes,

14. *Op. cit.*, p. 76-100.

Le terrain au premier plan est en cours de préparation par occultation de la végétation avec un épais mulch organique composé de divers matériaux de récupération : feuilles mortes, BRF, tailles de haies, y compris de résineux (thuya, épicéa), écailles de cônes de cèdre... Notez que la présence de résineux, malgré l'acidité initiale du sol (nous sommes ici sur les plateaux granitiques du Velay), ne pose aucun problème ensuite pour l'implantation des cultures, contrairement à ce que veut une idée reçue très répandue dans le monde du jardinage.

Culture de radis chinois : au premier plan, quelques radis ont été récoltés et les parties aériennes ont été disposées sur le sol.

on recherchera des matériaux plutôt souples tels que les herbes ou les feuilles. La constitution d'un mulch avec ces éléments est à la fois un paillage (puisqu'ils favorisent le maintien de l'eau et limitent l'enherbement) et un amendement (puisqu'en nourrissant la vie du sol ils ont un impact sur l'activité biologique et les propriétés physico-chimiques du sol).
Ces mulchs peuvent être utilisés de deux manières :

- De manière classique après l'implantation des cultures. On dépose alors sur le sol une couche de quelques centimètres d'épaisseur. L'effet de paillage sera alors observé, mais l'effet d'amendement risque d'être limité car, les vers de terre étant peu actifs en été, le risque est donc qu'ils bénéficient peu de ce mulch.
- De manière plus innovante, en préparant le sol avec un mulch déposé directement sur l'herbe (éventuellement fauchée au préalable). Cela implique la dépose d'une grosse couche de mulch (10 voire 20 cm) qui a un effet désherbant mais représente aussi un énorme garde-manger pour nos amis creuseurs de galeries. Ce mulch peut aussi bien être déposé en automne qu'au début du printemps, ou même en cours de printemps suivant les cultures que l'on souhaite implanter ensuite et selon le risque d'être confronté ou non à un problème de réchauffement du sol au printemps.

La restitution des résidus

Beaucoup de jardiniers ont le réflexe de sortir de leur potager tous les résidus de culture. C'est malheureusement une attitude qui prive le sol d'une nourriture qui lui est pourtant parfaitement adaptée. L'idée ici est donc d'inclure dans la réflexion sur les successions de cultures au potager la dimension de biomasse de la culture. En effet, si on fait se succéder des cultures produisant peu de résidus, comme des radis, des salades, des courges, ou encore des oignons, on rapporte peu de matières organiques au sol et on est tributaire d'apports extérieurs. Si on pense à inclure des cultures telles que choux, fèves, pois grimpants, maïs doux, tomates, artichauts, etc., il est possible de produire une partie des matières organiques qui vont nourrir nos travailleurs souterrains. C'est donc un moyen intéressant (même s'il est limité) de gérer la fertilité de notre sol.

Les couverts végétaux

Si les plantes cultivées ne produisent pas assez de résidus, il y a toujours la possibilité de cultiver des plantes dans ce seul but : c'est là le monde passionnant des couverts végétaux. Dans notre cas, nous allons surtout nous

Le seigle et le pois fourragers (ici mélangés sur une même parcelle) ou encore le trèfle incarnat sont des exemples de plantes pouvant être implantées à l'automne et capables de survivre même aux hivers les plus rigoureux.

Le trèfle de Perse et les moutardes, par contre, sont plus sensibles au froid. Implantés à l'automne, ils ont de grandes chances d'être détruits par le gel. Si on veut qu'ils fassent leur cycle pour maximiser la production de biomasse, il vaut mieux les implanter au printemps.

focaliser sur les intercultures, c'est-à-dire des couverts végétaux vivants que l'on implante dans le laps de temps entre la fin d'une culture et le début de la suivante. Le terme d'« engrais vert » est aussi souvent employé, mais il est préférable d'éviter cette dénomination mettant trop l'accent sur l'aspect de fertilisation – qui n'est pas le plus important ici.

Au potager, c'est souvent en hiver que le sol est libre, l'idée est donc d'implanter ces intercultures entre la fin de l'été et la fin de l'automne selon la culture qui précède, l'implantation du couvert se produisant idéalement dès que la récolte est terminée (voire avant si la culture permet d'implanter un couvert à la volée au milieu des plantes en place).

Idéalement, ce couvert sera composé de plusieurs plantes – au minimum deux ou trois, mais si on a la possibilité de faire des mélanges avec quatre, cinq, six plantes, voire plus, c'est encore mieux !

Ce couvert végétal se développe alors tranquillement pendant l'automne et l'hiver. Suivant les plantes choisies et la date de semis, il peut geler pendant l'hiver afin de laisser la place libre à l'implantation de cultures primeurs en fin d'hiver ou, au contraire, passer l'hiver et se développer massivement au printemps avant d'être détruit pour laisser la place à des cultures à implanter dès la fin avril. Le couvert sera laissé en mulch à la surface ou incorporé tout au plus aux premiers centimètres du sol, mais en aucun cas enfoui profondément, ce afin d'éviter la décomposition de grandes quantités de matières vertes, qui risque de créer des conditions localement acidifiantes et anaérobies néfastes à la santé de la culture qui suivra.

Là encore, ce retour de matières riches en cellulose est une véritable manne pour nos amis les vers anéciques, justement très actifs pendant l'hiver et le printemps ! Ces couverts permettent donc de structurer le sol non seulement directement grâce à leurs racines, mais aussi indirectement en nourrissant les vers de terre qui améliorent de manière constante sa porosité sur toute son épaisseur.

Pour plus d'informations sur ce sujet, voir le *Guide des couverts végétaux au jardin*[15].

Et s'il n'y a pas de vers de terre dans mon sol ?

Si les vers de terre sont totalement absents du sol, il pourra être intéressant de compléter les apports carbonatés par des apports de bêchées de terres riches en vers de terre, comme cela a été fait en Nouvelle-Zélande, où de telles pratiques ont permis d'introduire les vers de terre à l'échelle d'un pays entier et par la même occasion d'augmenter drastiquement la productivité des pâturages de l'archipel. Pour plus de détails sur cette expérience, se référer au travail de Marcel Bouché[16]. Bien sûr, pour que cette opération ne soit pas vaine, il faudra ensuite que les pratiques culturales soient favorables à ces animaux, ce qui implique en particulier d'être très vigilant au travail du sol qui, s'il est maintenu, doit rester aussi superficiel que possible, être réalisé avec des outils à dents et dans de bonnes conditions de sol (sol bien ressuyé et portant). Il faudra aussi prendre soin des vers de terre en les nourrissant correctement avec des restitutions de matières organiques riches en cellulose telles que résidus de cultures ou de couverts végétaux, foin, feuilles mortes, BRF riche en feuilles…

---

15. *Le Guide des couverts végétaux au jardin*, autoédition, 2021, disponible sur la boutique du site Internet *Jardinons sol vivant* : https://boutique.jardinonssolvivant.fr
16. Marcel Bouché, *op. cit.*, p. 265-266.

Discontinuité texturale

La discontinuité texturale complique, pour l'eau comme pour les racines, le franchissement de la limite qui s'apparente souvent à un véritable mur au même titre qu'une zone de tassement.
Le problème se pose surtout si la discontinuité est proche de la surface – les défis à relever sont alors identiques à ceux rencontrés dans un sol superficiel. Ce à quoi peut s'ajouter la stagnation de l'eau au-dessus de la discontinuité.

Les problèmes de chimie du sol

Les principaux problèmes de chimie sont l'acidité, l'excès de calcaire et la salinisation. La salinisation étant une conséquence d'une mauvaise gestion de l'irrigation, elle a déjà été traitée au chapitre correspondant (voir p. 79). Restent donc l'acidité et l'excès de calcaire.

L'acidité

Un sol acide (pH inférieur à 5, voire à 4) présente de nombreux problèmes agronomiques : faible disponibilité du phosphore qui est alors fortement lié au fer, faible présence de base (calcium et magnésium notamment), faible

Dans le Massif central, de nombreux sols sont sur granite et acides, voire très acides. Afin de stimuler la pousse des végétaux grâce à une meilleure minéralisation des matières organiques et une augmentation du pH, il est fréquent d'y épandre de la chaux en sortie d'hiver.

présence de vers de terre et, dans les cas les plus extrêmes, forte solubilité de l'aluminium entraînant une toxicité pour les plantes.
Même si les matières organiques, ayant un effet tampon sur le pH, sont une aide précieuse, il sera ici difficile de corriger ce problème sans un apport de carbonates tels que du calcaire broyé, de la dolomie ou encore de la marne. Cette dernière présente l'avantage d'être en plus riche en argiles, les sols très acides étant souvent très siliceux et sableux.
La chaux est également très efficace, mais son action est très violente et destructrice sur les matières organiques et la vie du sol, au point que son utilisation est déconseillée, surtout si c'est de l'oxyde de calcium (CaO ou chaux vive).
Le lithotamme est un squelette d'algue calcaire également très efficace pour corriger un problème d'acidité et de pauvreté en calcium, mais son exploitation posant de gros problèmes écologiques, il n'est pas souhaitable d'encourager l'utilisation d'un tel matériau.
Travailler sur la mycorhization est également une piste pour améliorer la disponibilité de certains éléments, notamment du phosphore. Les mycorhizes sont une symbiose entre les racines des plantes et certains champignons spécifiques. La réduction du travail du sol, la limitation au maximum de la fertilisation phosphatée, l'abandon des produits fongicides ou encore la vigilance à éviter la succession de cultures non mycorhizées, comme les épinards les choux, les blettes, les radis, les navets, etc., permet de favoriser le développement des mycorhizes. Éventuellement, une inoculation avec des champignons mycorhiziens est possible soit à partir d'inoculums, soit à partir de terreaux mycorhizés disponibles dans le commerce.

L'excès de calcaire

Un sol très calcaire présente des pH très élevés (supérieurs à 8, voire à 8,5). Ces pH posent eux aussi des problèmes de disponibilité de certains éléments minéraux, le phosphore (encore lui !) est ici fortement lié au calcium et ainsi rendu indisponible, le fer est également très faiblement disponible et pose par conséquent des problèmes de chlorose ferrique (jaunissement du feuillage dû à une carence en fer).
Ici les moyens d'action sont bien moins évidents que ceux à mettre en œuvre pour corriger l'acidité d'un sol. En effet, l'effet tampon du calcaire sur le pH et la richesse en microparticules de calcaire sont difficiles à compenser. Pour autant, des apports organiques tels que le BRF parviennent à en limiter les effets néfastes et en particulier à réduire fortement les problèmes de chlorose.

Les problèmes de structure

Les problèmes de structure sont un héritage des perturbations anthropiques que le sol a subies, telles que pratiques culturales inadaptées, terrassement, tassement, appauvrissement du sol en matières organiques et en activité biologique…
Ils peuvent se traduire de nombreuses manières, comme par l'encroûtement (croûte de battance en surface), le tassement à une profondeur spécifique (« semelle » due à l'usage inadapté d'un outil de travail du sol), le tassement sur l'ensemble des horizons de surface à la suite de travaux ou de la circulation d'engins lourds… Notons que les problèmes de tassement ne peuvent être véritablement identifiés qu'à l'observation du profil de sol, d'où l'importance de ce type de sondage avant une mise en culture.
Voyons chacune de ces situations individuellement.

Présence de croûtes de battance

Nous avons déjà parlé de ces croûtes au chapitre sur l'irrigation (voir p. 78). En effet, la pluie et l'irrigation par aspersion en sont souvent la cause, mais elles n'apparaissent que si les conditions dans le sol sont favorables à leur formation. Et le principal facteur est la stabilité structurale du sol, donc la capacité du sol à conserver sa structure à la suite d'une perturbation, en l'occurrence l'impact des gouttes d'eau.
Deux stratégies complémentaires sont donc envisageables dans cette situation :

- La première est strictement mécanique et consiste à protéger le sol de l'impact des gouttes de pluie par un couvert végétal vivant et/ou un mulch, c'est-à-dire éviter de laisser le sol à nu.
- La seconde est d'améliorer la stabilité structurale en stimulant l'activité des micro-organismes sécrétant des composés organiques collants qui améliorent la cohésion des particules minérales entre elles. Ce sont justement les plantes et les matières organiques déposées sur le sol ou incorporées dedans qui permettront cela.

Au final, les deux approches sont donc très convergentes sur le plan technique, puisqu'elles nous invitent à laisser le couvert par des plantes vivantes (cultures, couverts végétaux, voire plantes spontanées) ou par un mulch organique (tontes, foin, feuilles, paille, BRF…).
Et bien au-delà du problème de la croûte de battance, ces techniques ont un impact positif sur la structure des horizons supérieurs du sol.

Semelle d'outil

Une semelle d'outil provoque un tassement à une certaine profondeur, posant un problème souvent bien plus compliqué à gérer que le précédent qui est un phénomène de surface.
Toutefois ce problème peut se décliner de très nombreuses manières, de la semelle de semis due à l'action d'un semoir en conditions humides qui a compacté une zone située à quelques centimètres de profondeur, jusqu'à la semelle de labour profond qui, dans certains cas, peut avoir été entretenue pendant des dizaines d'années de labour à la même profondeur et dans des conditions humides.
Notons que ces problèmes sont surtout présents chez des agriculteurs mécanisés (grandes cultures, maraîchage...) mais peuvent également apparaître dans un jardin travaillé au motoculteur, par exemple. De plus, même si les pratiques du jardinier ne présente aucun risque de création de telles semelles, il est tout à fait possible qu'il cultive sur un sol précédemment exploité en grande culture et qu'il hérite donc de dégradations plus anciennes et indépendantes de ses pratiques.
Si de tels problèmes se font jour, il est d'abord essentiel d'en évaluer la gravité. Pour cela, la première chose à faire est de creuser et d'observer le niveau compacté. Un simple couteau de cuisine peut nous aider à évaluer le tassement : plus le sol résiste à la pénétration de la lame, plus ce tassement est important. Il convient également d'observer le comportement des racines des plantes à l'approche du niveau compacté : continuent-elles tranquillement à descendre en se frayant un passage à travers la semelle ? Le tassement n'est alors pas si grave. Au contraire, s'incurvent-elles pour longer horizontalement le niveau compacté sans jamais pouvoir le traverser ? Dans ce cas, la situation est très préoccupante et présentera un problème de taille pour la mise en culture, d'autant plus important que le niveau compacté est proche de la surface.
Si le problème de tassement au niveau de la semelle d'outil s'avère préjudiciable à la pénétration des racines, alors il faut agir, sans quoi on se retrouve dans une configuration similaire à un sol très superficiel, rendant ainsi les plantes cultivées très sensibles notamment à la sécheresse puisque les ressources en eau du sol profond leur sont inaccessibles.
Et dans une telle situation, action signifie travail du sol. En effet, même si cet ouvrage tend à privilégier des techniques de mise en culture sans travail du sol, celui-ci est parfois nécessaire !
Idéalement ce travail sera fait avec des outils à dents, comme la grelinette ou la fourche bêche, de préférence sans retourner le sol. Si le tassement est

Quelques plantes vivaces et bisannuelles pouvant être d'une aide très précieuse pour décompacter un sol. De haut en bas et de gauche à droite : la luzerne commune (vivace), le sainfoin (bisannuel à vivace), le trèfle blanc (vivace) et la chicorée (bisannuelle).

présent à une profondeur de plus d'une vingtaine de centimètres, il sera plus pertinent de faire intervenir, si cela est possible, un tracteur pour passer une herse ou un décompacteur à dents capable de casser la semelle. Il sera également possible de mettre en œuvre la rude technique du double bêchage si vous vous sentez assez vaillant !

Ces opérations n'ont vocation à être mises en œuvre qu'une seule fois. Une fois la zone de tassement brisée, ce sont les plantes et la vie du sol qui doivent prendre le relais. Des pratiques adaptées sont donc à mettre en place ensuite, en particulier l'implantation de végétaux à fort enracinement pour entretenir la porosité créée par le travail du sol. Deux stratégies sont alors

possibles : implanter directement une culture ou implanter des végétaux de couverture.
Si l'on met immédiatement en culture, il vaudra mieux alors choisir des cultures à enracinement profond, comme par exemple des ombellifères (panais, carottes...) ou des crucifères (radis chinois, radis noir...).
Si l'on choisit des plantes de couverture, celles-ci peuvent être annuelles si on veut cultiver dès la saison suivante, ou bisannuelles, voire vivaces, si l'on choisit de se donner quelques années avant la mise en culture. Les plantes annuelles seront des espèces habituellement choisies pour les intercultures, en portant une attention particulière au système racinaire. L'idéal est de mélanger des plantes à systèmes racinaires profonds pivotant et fasciculé. Les plantes à système racinaire profond pivotant sont par exemple la féverole, le radis chinois, la navette fourragère, le tournesol... Parmi celles à système racinaire profond et fasciculé, on trouve par exemple certaines graminées, comme le seigle, le sorgho, l'avoine, ou encore des légumineuses, comme le trèfle de Micheli ou le trèfle incarnat.
Si l'on peut se permettre une implantation plus pérenne, l'ensemble des plantes fourragères pourra faire l'affaire : aussi bien des graminées (fétuque, dactyle...) que des légumineuses (luzerne, lotier, trèfle vivace, mélilot, sainfoin...) ou des plantes issues d'autres familles, telles que plantain, chicorée fourragère, consoude... Là encore, on trouvera des plantes qui ont un pivot puissant – ceux de la luzerne et de la chicorée sont parmi les plus performants – et des plantes à système fasciculé – les trèfles et surtout les graminées.

Tassement sur l'ensemble des horizons de surface

Si maintenant l'ensemble des horizons de surface sont compactés sur 10 ou 20 cm voire plus – à la suite de travaux de construction ou de terrassement, de la circulation de véhicules ou d'engins de chantier, voire de surpâturage –, la logique est alors similaire à précédemment, mis à part qu'ici le travail du sol est encore plus utile. L'observation du profil de sol restera utile pour estimer la profondeur de la zone compactée et donc la profondeur à travailler, mais le remède sera dans un premier temps un travail du sol – idéalement avec un outil à dents, bien que, dans le cas où le sol aurait été fortement perturbé, un labour ne poserait pas de problème particulier –, puis une mise en culture avec des plantes à fort enracinement – ici, il vaudra mieux compter sur les vivaces et patienter au moins deux ou trois ans avant de tenter une mise culture, car la dégradation initiale est très préjudiciable. L'utilisation de mulch cellulosique pour nourrir les vers de terre sera également une aide précieuse pour retrouver une structure correcte.

Il reste toutefois possible d'exclure le travail du sol, mais il est probable que le retour à un sol bien structuré soit alors beaucoup plus long. On pourra dans ce cas s'appuyer toujours sur les plantes vivaces à fort enracinement (luzerne, chicorée, trèfle blanc, graminées vivaces…) et sur des mulchs cellulosiques pour attirer les vers de terre (sous réserve que ceux-ci soient déjà présents !).

Mise en culture d'une terre argilo-calcaire dans les Alpes-de-Haute-Provence, sur un terrain qui était auparavant une piste de motocross !
Le sol était tellement compact que les tomates ont été plantées la première année dans des trous réalisés à la tarière électrique (ce qui revient à un travail du sol très localisé). Ensuite, les jardiniers se sont simplement appuyés sur des mulchs de paille la première année, puis de foin pour éviter les faims d'azote (et pour nourrir plus efficacement les vers de terre).

Conclusion

Dans la logique de vouloir mettre en culture un terrain difficile - en raison de la topographie, du climat ou de la nature même du sol –, ce livre nous a amené d'abord à une observation du site à mettre en culture, et en particulier à une observation minutieuse du sol. C'est peut-être là le plus important. Il s'agit d'ailleurs du premier des douze principes de la permaculture énoncés par David Holmgren : observer et interagir.
Une bonne observation de votre environnement vous permettra, avant de vous lancer dans la mise en œuvre de méthodes pour surmonter les difficultés, de les contourner en choisissant au mieux la zone à cultiver afin que la mise en culture soit aussi aisée que possible.
Parmi les aspects à observer, ceux auxquels il faudra porter une attention particulière sont la profondeur d'enracinement des plantes et la structure du sol. En effet, une structure présentant une trop faible porosité ou une trop grande instabilité est particulièrement pénalisante pour la mise en culture.
Toutefois ces aspects peuvent être compensés en partie par des pratiques adaptées, cela surtout si vous êtes déjà installé sur un terrain et que celui-ci n'offre pas un choix de conditions de sol des plus avantageux. Alors il vous faudra mettre en œuvre les méthodes proposées dans cet ouvrage dans les différentes situations de sol et de climat analysées ici.

L'analyse proposée a surtout été axée sur les sols et climats tempérés (méditerranéen à montagnard). Il serait tout à fait possible d'étendre cette approche aux différents climats tropicaux, depuis les plus arides jusqu'aux plus humides : les chapitres concernant les climats secs, les sols acides, sableux, argileux, salés ou encore hydromorphes peuvent s'appliquer dans une certaine mesure à ces différentes situations le cas échéant.

Et, bien sûr, le jardinage n'est pas une science exacte, c'est pourquoi il est préférable de vous apporter des pistes de réflexion et d'expérimentation plutôt que des recettes toutes faites, souvent très efficaces dans certains contextes et catastrophiques dans d'autres. Je vous invite à expérimenter, à partager pour améliorer, chacun, nos techniques culturales.

Index

Bibliographie

Asselineau Éléa, Domenech Gilles, *De l'arbre au sol, les bois raméaux fragmentés*, Rouergue, 2007.

Bertrand Bernard, Renaud Victor, *Le Génie du sol vivant*, Terran, 2009.

Bouché Marcel B., *Des vers de terre et des hommes*, Actes Sud, 2014.

Bourguignon Claude et Lydia, *Le sol, la terre et les champs. Pour retrouver une agriculture saine*, Sang de la Terre, 2002.

Coleman Eliot, *Des légumes en hiver, produire en abondance, même sous la neige*, Actes Sud, 2013.

Depierre Danielle, Lespinasse Jean-Marie, *Cultiver son potager naturel avec Jean-Marie Lespinasse*, Rouergue, 2016.

Domenech Gilles, *Le Guide des couverts végétaux au jardin*, autoédition, 2021, disponible sur https://boutique.jardinonssolvivant.fr

Domenech Gilles, *Jardiner sur sol vivant*, Larousse, 2015.

Filippi Olivier, *Alternatives au gazon*, Actes Sud, 2011.

Gatineau Christophe, *Éloge du ver de terre*, Eyrolles, 2018.

Gatineau Christophe, *Sauver le ver de terre, l'un des premiers marqueurs de la biodiversité*, Le Jardin vivant, 2020.

Gobat Jean-Michel, Aragno Michel, Matthey Willy, *Le Sol vivant*, Presses polytechniques et universitaires romandes, 2010.

Helmstetter Didier, *Le Potager du paresseux*, Tana éditions, 2018.

Holmgren David, *Permaculture. Principes et pistes d'action pour un mode de vie soutenable*, Rue de l'échiquier, 2014.

Lowenfels Jeff, Lewis Wayne, *Un sol vivant, un allié pour cultiver*, Rouergue, 2016.

Shepherd T. Graham, *Évaluation visuelle du sol. De la qualité des sols et la performance des plantes en pâturage et maïs, guide de terrain*, PâtureSens, 2014.

Soltner Dominique, *Guide du nouveau jardinage*, Sciences et techniques agricoles, 2018 (7e édition).

Webographie

Association française pour l'étude du sol : www.afes.fr
Le Blog de Christophe Gatineau : www.lejardinvivant.fr
Mon potager en carrés de Loïc Vauclin : https://mon-potager-en-carre.fr/
Mon potager plaisir de Didier Flipo :
https://monpotagerplaisir.com/
www.youtube.com/c/MonPotagerPlaisir (chaîne YouTube)
Oasis des 3 Chênes de Murielle Lekien : https://oasis-des-3-chenes.fr/
Permaforêt de Natacha Leroux : http://permaforet.blogspot.fr/
Le Potager d'Adrien sur sol vivant :
https://potagers.forumactif.com/(forum *Les Potagers*)
www.youtube.com/channel/UCM2aL9X9Rv1uwUX0mGVxM2A?app=desktop (chaîne YouTube)
Potager durable de Nicolas Larzillière : https://potagerdurable.com/
Le Potager permacole de Guillaume Desfaucheux :
https://lepotagerpermacole.fr/

Le site de l'auteur

https://jardinonssolvivant.fr

Articles, études de sols, conférences et animations, formations, stages, accompagnement (individualisé ou de groupe)

Du même auteur

De l'arbre au sol, les bois raméaux fragmentés, coécrit avec Éléa Asselineau, Rouergue, 2007.
Jardiner sur sol vivant, Larousse, 2015.
Le Guide des couverts végétaux au jardin, autoédition, 2021, ebook disponible sur https://boutique.jardinonssolvivant.fr

Notes

Déjà parus aux éditions de Terran

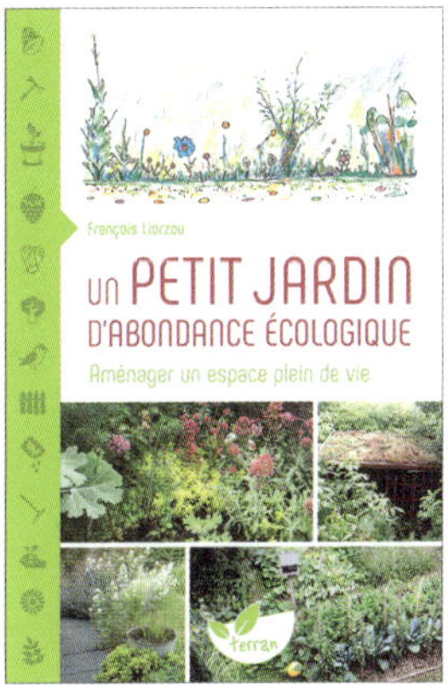

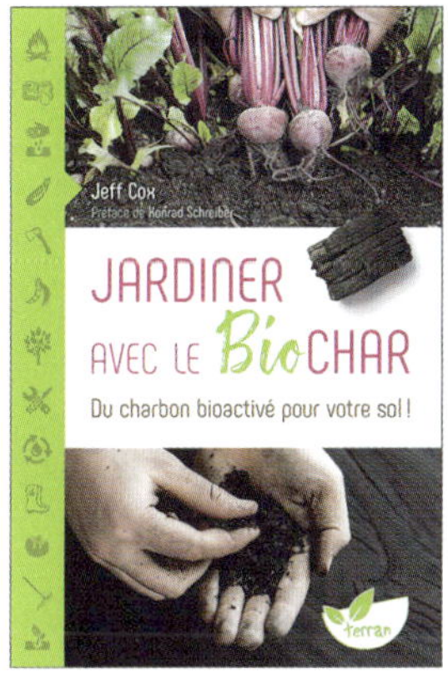

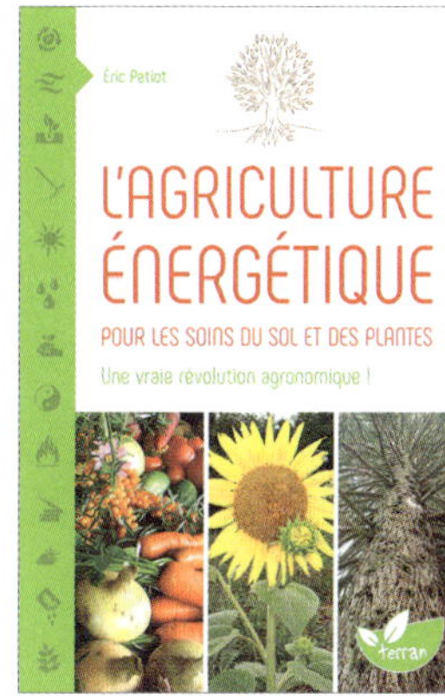

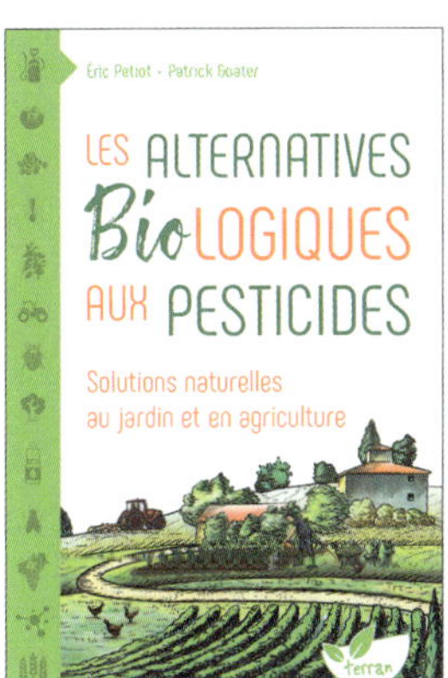

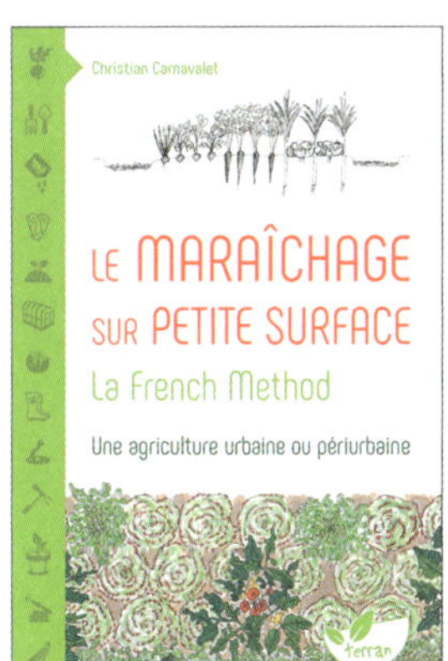

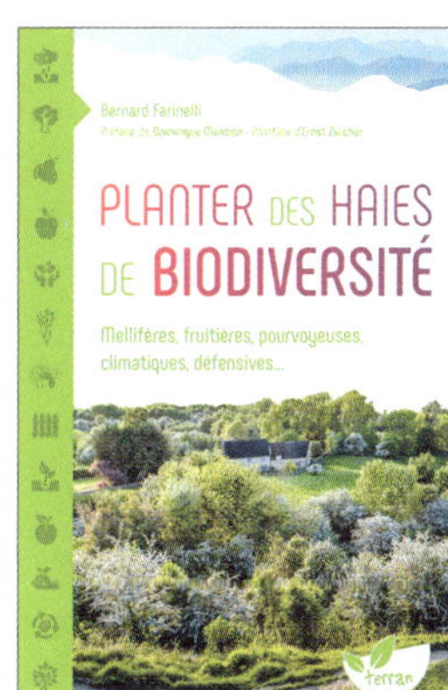

Retrouvez toutes nos parutions sur **www.terran.fr**

Crédits iconographiques

Toutes les photographies sont de l'auteur, excepté :

- p. 10 : Siur / AdobeStock
- p. 11, 50 : Hervé Rouveure / AdobeStock
- p. 12 : Anatole Marmin
- p. 13 : SoilPaparazzi / AdobeStock
- p. 19 h : lamax / AdobeStock
- p. 19 b : chung tai lee/EyeEm / AdobeStock
- p. 20 h : JAG IMAGES / AdobeStock
- p. 20 b : bios48 / AdobeStock
- p. 23 : distelAPPArath / Pixabay
- p. 55 : Patrick Auquières
- p. 56 h : almatel / Pixabay
- p. 56 b : dblumenberg / AdobeStock
- p. 61 : pixarno / AdobeStock
- p. 68 g, 68 d : Monique Pouzet / AdobeStock
- p. 69 h : L'ArchiPelle
- p. 73 : MNMNB / Pixabay
- p. 74, 77 : Olivier-Tuffé / AdobeStock
- p. 94 bg : 1195798 / Pixabay
- p. 94 bd : rihaij / Pixabay
- p. 100 hg : WikimediaImages / Pixabay
- p. 100 hd : Mopsgesicht / Pixabay
- p. 100 bg : zoosnow / Pixabay
- p. 100 bd : _Alicja_ / Pixabay
- p. 102 : *Le Potager d'Adrien sur sol vivant*

Les schémas ont été reproduits par Louise Cosson d'après des croquis de l'auteur, excepté :

- p. 27 : Sabine Facchin, adaptation de Florent Beck – Wikipédia (licence CC), d'après : Anne Richer de Forges, « Lost in the triangular diagrams of soil texture », Pedometron 29, 2010, p. 14-17.
- p. 51 : Sabine Facchin, d'après un croquis de l'auteur.

Suivi éditorial : Coline Pons
Correction : Josselin Rieu
Maquette : Sabine Facchin

Diffusion/Distribution

DG DIFFUSION – info@dgdiffusion.com

Cet ouvrage a été achevé d'imprimer par la SEPEC en août 2022.
Imprimé en France. Numéro d'impression : 04875220503
Dépôt légal : septembre 2022

PEFC 10-31-1470 / Certifié PEFC / Ce produit est issu de forêts gérées durablement et de sources contrôlées. / pefc-france.org